Markus Orths
CORPUS
Roman

Schöffling & Co.

www.schoeffling.de

Erste Auflage 2002
© Schöffling & Co. Verlagsbuchhandlung GmbH,
Frankfurt am Main 2002
Alle Rechte vorbehalten
Satz: Reinhard Amann, Aichstetten
Druck & Bindung: Pustet, Regensburg
ISBN 3-89561-094-1

*Denn alles war so gewesen,
wie es ihnen gesagt worden war.*

LUKAS 2,20

I – INTROITUS

Er ist schon hier. Er ruft vom Auto aus an. Er hat auf mein Einverständnis gehofft. Er sagt, Paul? Ich sage, Christof? Er sagt, kann ich ein paar Tage bei dir wohnen? Ich sage, warum? Er sagt, nenn es Suspendierung. Ich sage, jetzt rufst du mich an? Er sagt, jetzt ruf ich dich an. Ich sage, wo bist du? Er sagt, Potsdamer Platz. Ich sage, ich komm dir entgegen. Er sagt, bleib, wo du bist. Er hat meine Adresse.

Ich gehe in den Keller, am Regal mit den großen Roten blase ich Staub vom Flaschenhals eines Bordeaux, die jungen Robusten liegen rechter Hand, einen von ihnen ziehe ich vorsichtig aus seinem Hohlblockstein, das Glas kratzt leise, ich richte die Flasche langsam auf, trage sie nach oben, setze sie auf dem Tisch ab, zünde Kerzen an, lösche das Deckenlicht und stelle eine Karaffe neben den Wein, den Korken ziehe ich vorsichtig heraus, ich gieße den Wein ohne Hast in die Karaffe, es zeigen sich Bläschen, die Ablagerungen lasse ich am Flaschenboden, ich lege eine Platte auf, Kantaten, sie knirschen, ich nehme den Bass halb heraus, drehe die Lautstärke herunter, sitze da und warte auf Christof.

Nach einer halben Stunde die Türklingel. Ich mache

Licht und öffne. Ich weiß nicht, ob ich ihn umarmen soll. Warum nimmt er kein Hotelzimmer? Was zwischen uns liegt, trennt uns. Ich frage nichts, ich will nicht neugierig sein. Der Boden quietscht unter meinen Sohlen, ich nehme zwei Gläser aus der Vitrine, deute auf die Karaffe und sage, wir müssen noch ein wenig warten. Christof sagt, zeig mir die Wohnung. Ich gehe voraus. Die Küche, sage ich. Christof schaut sich um und nickt. Ich sage, das Badezimmer. Während ich im Türrahmen stehe und Christof hindurchschaut, berührt mich seine rechte Schulter am Kinn. Er sagt, Entschuldigung. Ich sage, macht nichts. Ich sage, die Terrasse. Er atmet ein, noch ist es warm. Ich frage ihn, ob er lieber draußen sitzen will. Er sagt, nein, es wird gleich kühl werden. Wir gehen hinein, und ich sage, mein Schlafzimmer. Er sagt, Chagall. Ich nicke. Er sagt, blau und zuckt mit den Schultern. Ich gehe zurück ins Wohnzimmer, setze mich, Christof bleibt an der Tür zum Keller stehen. Er sagt, der Weinkeller? Ich sage, später.

2 – CONFITEOR

Christofs erste Messe? Das war damals, hinterm Haus seiner Eltern, im Schuppen. Damit es eine richtige Messe wurde, brauchten wir Hostien. Und vor allem: Wein. Für mich war es ein Leichtes, den Wein zu besorgen, denn auf dem Weingut meines Vaters gab es genug davon: gärenden Wein, noch nicht abgefüllten Wein, Wein, der in Flaschen oder Fässern lagerte, und Wein, der zum Abtransport bereit stand. Am Abend, als mein Vater über Rechnungen gebeugt im Arbeitszimmer saß oder mit dem alten Jolle über den Rebschnitt redete, als im Haus Stille herrschte und es niemandem auffiel, dass ich mein Zimmer verließ, da stahl ich den Schlüssel aus dem Schrank im Flur, stieg die Holzstufen hinab in den Weinkeller und ging an den Eichenfässern vorbei: zu einem der kleineren Tanks. Etliche Male hatte ich zugesehen, wie mein Vater den Wein zur Prüfung herausholte, und so wusste ich, was zu tun war. Ich öffnete das Fassloch und ließ einen kleinen Plastikschlauch hinein, schloss die Lippen um das Ende und saugte, bis ich sehen konnte, wie der Wein langsam hinaufkletterte. Dann nahm ich den Schlauch heraus und ließ den Wein in ein altes Marmeladenglas laufen.

Christof war für die Hostien zuständig. Obwohl Weihnachten schon drei Monate zurücklag, waren bei ihm zu Hause vom Weihnachtsgebäck noch Kokosmakronen übrig geblieben, deren Zubereitung Christofs Mutter missglückt war. Jeden Sonntag stellte sie das alte Gebäck auf den Tisch, in der Hoffnung, dass man es doch noch essen würde, aber der Makronenhaufen nahm kaum ab, und am Sonntag, bevor Christof seine erste Messe im Schuppen feierte, war sein Vater laut geworden, hatte gefragt, was zum Teufel die Makronen da noch sollten, Ende März, er sei dabei, den Garten neu zu bepflanzen, und sie komme ihm hier mit steinalten Weihnachtsschnittchen. Schmeiß die Dinger doch fort, sagte er, du siehst ja, dass kein Mensch die essen will, die ollen Brocken. Christofs Mutter räumte die Makronen vom Tisch, warf sie aber nicht in den Müll, wie Christof sah, sondern kippte sie in die Kekskiste und brachte die Kiste zurück in die Abstellkammer. Und Christof, durch die Worte seines Vaters in der festen Überzeugung, dass die Makronen einen weiteren Sonntag nicht überleben würden, schlich am darauf folgenden Nachmittag zur Kekskiste, kratzte im Abstellraum hockend die Oblaten von den Makronen und legte sie in eine schwarzrote Tonschale.

Der Schuppen stand am Ende des Gartens, er war nicht sehr stabil, bemoost, verwittert und bot Unterschlupf für allerlei Geziefer. Christofs Vater hatte den Schuppen gebaut, im Innern herrschte stets Düsternis, das Fenster war zu klein und die Lampe an der Decke zu schwach. Christof stand am Holzaltar, den wir vom Fenster in die Mitte des Schuppens gerückt und mit einem weißen Tischtuch bedeckt hatten; ich ihm gegenüber, als Messdiener und Gemeinde zugleich. Wir hatten Korporale und Kelchtuch gebastelt, hatten Wein und Wasser in kleine, durchsichtige Milchkännchen gefüllt, hatten ein Gebetbuch zurechtgelegt, hatten die Tonschale mit den Oblaten und eine braune, hoch geformte Blumenvase als Kelch bereitgestellt, nur, sagte Christof plötzlich, der Weihrauch fehlt. Oder was Ähnliches, sagte ich, Körner, ein Pulver, irgendwas, das sich verbrennen lässt. Ja, sagte Christof, und ein Gefäß, ein Weihrauchfass. Wir stöberten in den Regalen und fanden festgetrocknete, knochige Arbeitshandschuhe, die man mit den Fingern nach oben aufstellen konnte, ohne dass sie umkippten. Wir fanden auch ein seltsam gebogenes Werkzeug mit abgestumpfter Klinge, von dem wir nicht wussten, wozu man es brauchte, und schließlich fanden wir Grillkohlen, Spiritus und einen alten Blumentopf, den man an drei rostigen Ketten, die oben zusammenliefen, festhalten konnte. Zuletzt zog ich eine gelbrote Packung aus dem Regal und sagte, sieht ja aus wie Mehl, als ich den kleinen Karton geöffnet und die zusammengeknisterte Packpapiertüte im Innern aufgedröselt hatte.

Moltofill stand auf der Packung.

Besser als nichts, sagte Christof, und wir kippten ein

wenig Moltofill in den umgedrehten Deckel des Marmeladenglases, tröpfelten Spiritus auf die Kohlen im Blumentopf, zündeten sie an, bliesen, bis sie glühten, und löffelten den Gips auf die weiß werdende Asche, das roch zwar nicht annähernd wie Weihrauch, gab aber einen teuflischen Qualm.

Mit dem Wortgottesdienst hielt sich Christof nicht lange auf. Wir sprachen nur zwei Einstiegsgebete, es ist ein Wochentag, sagten wir uns, an einem Wochentag wird nicht gepredigt, und wenn nicht gepredigt wird, brauchen wir kein Evangelium, und wenn es kein Evangelium gibt, können wir auch auf die Lesung verzichten, denn eigens für die Lesung eine der Bibeln aus dem Bücherschrank seines Vaters zu klauen, schien uns zu aufwendig und zu gefährlich, denn es waren zum Teil kostbare Bücher, und wir wussten beide, wie Christofs Vater reagieren würde, wenn er erführe, dass wir eine der Bibeln mit in den verstaubten Schuppen genommen hätten.

Zur Gabenbereitung sang Christof *Dir Vater Lobpreis werde*, er sang es traurig und in sich gekehrt, und er sah mich nicht an, während er das Brot entgegennahm, mir die Blumenvase hinhielt und ich den Wein und ein wenig Wasser hineinschüttete, und seine Stimme tauchte den Schuppen in eine dämmrige Tristheit, die mich ergriff, sodass ich plötzlich ernst wurde und die Messe für einen Augenblick den Charakter des Spiels verlor und sich ein Gefühl einstellte, als wären wir dabei, etwas Außergewöhnliches zu tun. Als das Lied zu Ende war, schritt Christof rasch zur Tat und weihte die Oblaten, weihte den Wein, und während er das Brot und den Wein nacheinander in die Höhe reckte, betätigte ich zunächst eine alte, abmontierte Fahrradklingel, dann hob ich den Blumentopf und inzensierte die Gaben, wobei Christof sich wegdrehen musste, um nicht zu viel Rauch in die Augen zu bekommen.

Und dann näherte sich der Moment, auf den es uns ankam, der Moment, dessen Besonderheit wir durch den langen Vorlauf der Messe noch geschürt hatten, der Moment, an dem wir endlich vom Brot und vor allem vom Wein kosten konnten, und um uns selbst nicht zu lang auf die Folter zu spannen, beeilten wir uns und hechelten durch die noch ausstehenden Gebete: Geheimnis des Glaubens gesungen, Vaterunser in zerhacktem Rhythmus, Friedensgrußhandschlag, Lammgottesgemurmel, Herr, ich bin nicht würdig, dass du eingehst, und anschließend drückte mir Christof eine Oblate nach der anderen in die Hand, die ich in mich hineinschlang. Er selbst aß den Rest. Die Oblaten waren hart und trocken, sechs, sieben, acht der runden Scheiben stopfte ich mir zwischen die Lippen, kaute auf ihnen herum, nässte sie mit allem zur Verfügung stehendem Speichel, und doch war es ein zäher Brei, der mir die Zunge verpappte, eine Pampe, die zu schlucken mühsam war, ich wollte aber die ganze Masse hinuntergewürgt haben, ehe ich zum Wein griff, wollte den Mund frei haben für den neuen, unbekannten Geschmack des Weines, für das Schmecken dessen, was ich bislang nur vom Geruch her kannte, und so stand ich stumm schmatzend vorm Altar, würgte den Oblatenmatsch hinab, holte schließlich Luft, kramte die Reste mit der Zunge aus den Zahnecken und schluckte ein letztes Mal.

Endlich reichte mir Christof die Vase. Ich setzte sie an die Lippen und dachte, wir hätten sie besser ausspülen müssen, die Vase, ich kann ja die alten Blumen noch riechen, das Gestrünk, das vertrocknet und gelb in ihr gestanden hat, wochenlang, weil meine Mutter vergessen hatte, es herauszunehmen, wir hätten vielleicht besser ein Glas nehmen sollen anstelle des Blumenbechers, aber nein, die Vase, das musste ich zugeben, sah schön aus, sie hatte ein wenig von der Erhabenheit goldbeschichteter Kelche.

Ich trank. Der Wein schmeckte, wie ich gedacht hatte, halb nach Stein und halb nach alten Blumen. Dann aber biss er mich, legte sich wie ein langer Stich auf die Zunge, brannte im Gaumen und fuhr mir die Kehle hinab, in die Röhre, fuhr wie eine Spur aus Hitze in mich hinein. Ich reichte Christof den Kelch, er trank den Rest, sein Gesicht verzog sich, er fauchte kurz und stellte den Kelch zurück auf den Tisch.

Wir blickten uns an und atmeten.

Da sah ich am Fenster einen Schatten, ich kniff die Augen zusammen, es war Lisa, Christofs Schwester. Sie war noch nicht ganz acht Jahre alt und hatte ihre Nase an die milchige, kleine Scheibe gepresst, und ich hätte nicht sagen können, wie lange sie schon so dagestanden war und was genau sie mit angesehen hatte. Immer noch kokelte das Moltofill im Blumentopf, schwach zwar, aber doch so stark, dass sich deutlich sichtbar kleine Rauchfahnen in die Luft zwirbelten. Als Lisa merkte, dass ich sie entdeckt hatte, verschwand ihr Gesicht vom Fenster, und sie lief fort, Richtung Haus. Was ist los? fragte mich Christof, der seitlich vorm Fenster stand und Lisa nicht hatte sehen können. Lisa, sagte ich. Sie hat uns gesehen? fragte er. Ich nickte. Christof nahm die rote Decke von den Schultern, löste die Schnur von der Hüfte und zog das Bettlaken aus, das er sich umgeworfen hatte. Sie wird uns verraten? fragte ich. Darauf kannst du Gift nehmen, sagte Christof und kippte den Rest Wasser aus dem Milchkännchen in den Blumentopf, wo die Kohlen im letzten Glimmen lagen und erloschen.

Heute noch höre ich die Worte, mit denen Christofs Vater uns am nächsten Tag anschrie, und mir ist, als hätte er jedes dieser Worte unzählige Male aus sich herausgebrüllt, nur einzelne, abgehackte, zusammenhanglose Worte. Ich erinnere mich an Worte wie gefährlich und Feuer, auch an das Wort verbrennen. Und Schuppen, immer wieder Schuppen. Dieses doppelte p in Schuppen, ein Laut, in den Christofs Vater es schaffte, seine ganze Wut hineinzulegen, ein Laut wie eine Ohrfeige, und dann Holz, das trockene Wort Holz, das seither für mich wie vergiftet ist, Holz, wie ein Beilhieb, Holz, mit einem Zischen am Schluss. Und danken. Und dankbar sein. Und Gott danken. Das Wort Gott und die Spucke, die Christofs Vater beim doppelten t aus den Zähnen schoss, Gott, schoss es aus ihm heraus, Gott, spie er, Gott danken. Und sein Tonfall, ein schneidender Wind, der um uns pfiff, etwas Eiskaltes, das gar nicht zu den Worten Feuer und brennen passen wollte und dadurch umso bedrohlicher wirkte. Ich sah, wie Christof, als sein Vater sprach, stumm den Kopf gesenkt hielt. Und ich sah durch den Türspalt hindurch, wie Christofs Mutter auf der Küchenbank saß und an der Tischdecke friemelte, die Decke aus grün kariertem Stoff immer wieder zu kleinen Röhrchen hochrollte, sie dann fahren ließ, wieder aufnahm und erneut zusammenkniffelte.

Als sich der Rauch ein wenig verzogen hatte und wir eine Woche später wieder im Schuppen saßen und auf Rache sannen, es war ungewöhnlich kalt, wir hatten unsere Jacken angezogen, und Christof rieb sich die Hände, da sah ich die Packung Moltofill im Holzregal leuchten, und ich weiß nicht, warum, vielleicht nur, um etwas zu tun, vielleicht, um unsere nach der Gardinenpredigt noch angeknackste Stimmung etwas aufzuhellen, zog ich die Packung hervor und ließ ein wenig von dem Pulver in meine Hand rieseln, hielt es Christof vor die Nase, blies es ihm Richtung Gesicht, er aber bog sich rechtzeitig zurück, hob abwehrend die Hand, meckerte kurz, die kleine weiße Wolke flog ins Leere und löste sich auf. Christof setzte sich wieder gerade hin und begann zu denken. Ich sah das an den Augen, die für kurze Zeit in eine einzige Richtung schauten, unter den Holztisch am Fenster, als erwarte er von dort etwas Ungewöhnliches. Ich sah es an seinen Augenbrauen, die über der Nasenwurzel zu kleinen Falten zusammensackten. Ich sah es an seinen Händen, die ineinander lagen. Dann blickte er zu mir herüber und sagte, ich solle auf ihn warten, er sei gleich wieder da. Er ließ mich im Schuppen sitzen und verschwand, kam nach einigen Minuten zurück und hielt eine Dose Mehl in der Hand, er atmete schnell, er war gelaufen, ich sah Schweiß in seinem Gesicht. Was soll das werden? fragte ich. Komm mit, sagte er.

Vor dem Gartenzaun lag ein Stück Land, auf dem Christofs Vater Himbeer- und Stachelbeersträucher gepflanzt hatte. Dorthin gingen wir, Christof bückte sich, hob mit den Händen ein Loch aus, öffnete die Dose und kippte das Mehl hinein. Fast alles. Wir gingen zurück in den Schuppen, ich wusste immer noch nicht, was er vorhatte, wir setzten uns. Christof sagte, meine Schwester hat morgen Geburtstag. Und legte los: Seine Schwester steht auf. Sie freut sich über ihre Geschenke. Die Mutter backt einen Kuchen. Zum Backen des Kuchens nimmt sie Mehl aus dem Schrank. Das Mehl wird aber kein Mehl sein, wie sonst, sondern Gips: Moltofill. Ihre Mutter merkt nichts davon. Sie sieht das Moltofill, hält es für

Mehl, fängt an zu kneten, formt einen Teig, schiebt den Teig in den Ofen, lässt ihn gehen, wartet, bis er fertig wird, es ist Nachmittag, die Familie sitzt am Kaffeetisch, es duftet, nein, das nicht, das kann man nicht wissen, nicht, wie ein Kuchen riecht, der mit Moltofill gebacken ist, und ob er überhaupt riecht, doch wie dem auch sei, Lisa nimmt das Tortenmesser, nimmt es fest in ihre kleinen Hände, setzt das Messer an, setzt es dem Kuchen an die Kehle, drückt und drückt, und nichts, kein Millimeter Kuchen gibt nach, die Mutter nimmt das Messer, doch auch sie schafft es nicht.

Gelacht wurde vorab, während wir die Packung mit dem Moltofill öffneten, eine gute Portion in die Mehldose kippten, sahen, wie das Moltofill sich mit dem Rest Mehl vermischte, wie die Farben sich ergänzten, sich verbanden, einander in nichts nachstanden, gelacht wurde vorab, während wir den Rest Moltofill wieder zurück ins Schattenregal stellten, in die hinterste Ecke, neben die Handschuhknochen, gelacht wurde vorab, als wir das falsche Mehl zurück in die Küche brachten und anschließend zur Kirche gingen, Freitag Abend, wir waren zum Dienst eingeteilt, und erst in der Messe vergaßen wir, was morgen, beim Geburtstag seiner Schwester geschehen würde.

Es geschah dies aber nicht. Es geschah anderes.

Christofs Vater kam am Abend nach Hause und verlangte von seiner Frau, dass sie ihm Pfannkuchen buk. Seine Frau gab zu bedenken, dass keine Eier im Haus seien, dass sie erst morgen früh auf den Markt gehen werde, um frische zu kaufen. Christofs Vater aber bestand auf Pfannkuchen. Seine Frau warf sich einen Schal über, ging zur Nachbarin, kam mit drei Eiern zurück und begann zu backen. Sie buk Pfannkuchen und nahm dazu das Mehl, das im Schrank stand und aussah wie immer. Die Pfannkuchen gelangen ihr nicht so, wie sie es gewohnt war, sie wusste aber nicht, woran das lag, ob sie vielleicht zu viel oder zu wenig Milch genommen hatte. Der erste Pfannkuchen blieb labbrig, ihr Mann weigerte sich, ihn zu essen, und Christofs Mutter warf ihn fort. Sie fügte mehr Mehl in den Teig, und der zweite gelang ihr besser. Unzufrieden mit dem, was er bekam, schluckte Christofs Vater an dem Zeug, das, wie er sagte, unerträglich schmecke und nur zu genießen sei mit einer doppelten Portion Zucker und Apfelmus, unter der er den Pfannkuchen begrub. Warum in diesem Haus kein Mensch kochen könne, fragte er laut und schaufelte sich den Gipskuchen in den Schlund, aß, nicht um zu essen, sondern um barsch und mürrisch das, was er aß, zu kommentieren, es kann doch nicht so schwer sein, sagte er, einen Pfannkuchen zu backen. Erst die Makronen, sagte er, und jetzt die Pfannkuchen. Christofs Mutter aber stand am Herd und fügte eine Prise Salz hinzu, rührte den Teig noch einmal durch, weil sich Klumpen bildeten, kippte ihn ins heiße Fett, das zu zischen begann und leicht aufdampfte. Der Teig in der Pfanne zeigte Bläschen, begann Form anzunehmen, Gestalt, begann seine Flüssigkeit zu verlieren und elastisch zu werden, schaffte es aber irgendwie nicht ganz, sondern blieb löchrig, blasig, etwas feucht fast, und Christofs Mutter schwitzte über dem Herd und fragte sich, was die Nachbarin ihr wohl für Eier gegeben hatte. Dann legte sie den Pfannkuchen so auf den Teller, dass es aussah, als sei es ein einziges Stück, was aber nicht stimmte, es waren drei kleine Stücke, matschiger als gewohnt, und dann streute sie Zucker drauf, ehe ihr Mann sehen konnte, was sie ihm unterschob, über den Zucker kippte ihr Mann noch ein viertel Glas Apfelmus, und während er aß, schimpfte er weiter. Er, sagte Christofs Vater, müsse sich nun opfern, müsse, damit nicht allzu viele Pfannkuchen den Weg in den Mülleimer fänden, Pfannkuchen essen, die man schlechthin nicht essen könne, aber er würde dies auf sich nehmen, er könne nicht mit ansehen, dass noch mehr des täglichen Brotes ungegessen verderben würde, er, sagte Christofs Vater, wolle sich dereinst keine Vorwürfe machen, sagte er, mit reinem Gewissen wolle er seinem Herrn gegenübertreten, und außerdem sei ihm jetzt schlecht, kein Wunder, bei dem Essen, das man ihm hier vorsetze.

Dann legte er sich auf sein Bett und starb. Er schaffte es nicht mehr zu schreien. Er schaffte es nicht mehr, jemanden zu holen, der ihm hätte helfen können. Er lag da und schlief vielleicht kurz ein, döste weg, wer weiß es, und als er zu sich kam, stelle ich mir vor, da war in seinem Magen ein Mühlstein, tonnenschwer, und als er aufstand und zur Tür torkeln wollte, riss es ihn zu Boden, riss die Schwere des Steins ihn zu Boden, der getrocknete Gips überall, an den Darmwänden, im Bauch, vielleicht noch im Speiserohr. Und die Schmerzen müssen gewesen sein wie ein endloser Tritt in den Magen, ein einziger Tritt, der so lange dauerte, dass er nicht aufhören wollte, und als er dann doch aufhörte, das Leben mit herausgetreten hatte, das in ihm steckte.

3 – KYRIE

Wir sitzen uns gegenüber, ich gieße Wein ein, wir betrachten ihn von schräg unten und schieben unsere Nase über den Rand des Glases, Veilchen rieche ich und ein wenig Toast, dann drehen wir das Glas, leicht schwingt der Wein am Rand des Glases hoch, einen Augenblick hat die Musik ausgesetzt, und wir können das silberne Schwingen fast hören, Harz plötzlich, überraschend, ein weiterer Dreh, wir sehen kaum Schlieren an den Rändern: keine Kirchenfenster. Christof nimmt den Wein auf die Zunge, trinkt und beginnt zu reden.

Er sagt, er habe vor etwa einem halben Jahr unter sonderbaren Umständen zwei Menschen kennen gelernt, die er fortan Kai und Ina nennen wolle. Es habe sich einiges getan seitdem. Er habe nachgedacht. Über sich selbst. Über sein bislang gelebtes Leben. Unter anderem auch – und er denke, er wolle damit beginnen – über einen Zustand, den er von nun an seinen erbarmungswürdigen Zustand nennen wolle. Ein Zustand, in den er nach und nach geraten sei, von dem Tag an, da er, 15 Jahre alt, das Haus seiner Eltern, besser gesagt seiner Mutter verlassen habe, nein, habe verlassen müssen.

Das war etwa eineinhalb Jahre nach dem Tod seines Vaters. Christof wurde an diesem Tag ins Internat des Nikolausklosters gebracht, womit nachdrücklich seine Absicht unterstrichen wurde, Priester zu werden. Er lernte dort erstens die notwendigen Dinge zum Ablegen des Abiturs, zweitens eine spirituelle Lebensausrichtung und drittens das Hornspiel, da die Klosterschüler unter Leitung eines der Mönche ein Blasorchester betrieben, für dessen Fortbestehen das Erlernen eines Blech- oder Holzblasinstrumentes auf dem Pflichtenplan stand. Aber, sagt Christof, es gelang ihm schon im Nikolauskloster ohne Anstrengung, alles, was ihm widerfuhr, einfach anzunehmen. Betrachtete man beispielsweise das unvermeidbare Hornspiel, so ließ Christof die fürchterlichen Bierfeste über sich ergehen, zu denen er samt seinen Mitschülern gekarrt wurde, in einem klostereigenen Bus, und auf denen man *aufspielte*, wie es hieß, Walzer, Märsche, Blechmusikpolkas, nein, im Erlernen des Hornspiels leuchteten für ihn die Möglichkeiten der Musik in einer nie geahnten Form auf, und er freute sich an den klassischen Stücken für Horn solo, die er nun, für sich, im Stillen, entdecken und einüben konnte. Und was den Chef des Klosters, Pater Heyer, betraf, so sah Christof es als ein Zeichen seiner *Sorge* für die Klosterschüler an, dass er die ein- und ausgehenden Briefe kontrollierte und des Nachts, obwohl bereits im Alter von 64 Jahren, an den Türen der Jungen lauschte und sich manchmal trotz rheumatisch bedingter Rückenschmerzen zu den Schlüssellöchern hinabbeugte, um Obacht zu geben, dass nichts geschah, was seine Bedenken erregte.

Nach fast vier Jahren Nikolauskloster, nach Bestehen des Abiturs, nach der erfolgreich im Stillen dargebotenen Aufführung der Kruppschen Hornsonate in es-Moll, einige Wochen bevor er ins Borromäum einziehen sollte, den Ort, an dem die gesammelten Priesteramtskandidaten des Bistums lebten, kurz vor dem Beginn des Theologiestudiums also, da sei ihm plötzlich, sagt Christof, der Wunsch gekommen, die tragweite Entscheidung, die er gefällt hatte, noch einmal zu prüfen, zu überdenken, von allen Seiten zu beleuchten und zu sehen, ob es richtig war, was er da gefällt hatte, und um dies zu tun, habe er beschlossen, in sich zu gehen.

Da das Auseinandernehmen und Zusammensetzen seiner selbst, um zu sehen, was in einem da ist und was nicht, am besten in der Stille reift, zog sich Christof zu diesem Zweck in seine Kirche zurück, begab sich also eines Donnerstagnachmittags zur Aussetzung in die letzte Reihe des Mittelschiffs der Josefskirche. Nur ein paar ältere Frauen mit überknielangen grauen Röcken, beigen, scheibchendick scheinenden Strumpfhosen, braunen Schuhen und Handtaschen beknieten an jenem Nachmittag das Allerheiligste, sodass Christof sicherlich die gesuchte Ruhe gefunden hätte, wenn nicht, nur wenige Reihen vor ihm, eine der Frauen urplötzlich einen beträchtlichen Niesanfall angeschlagen und nach dem Niesanfall begonnen hätte, ihre Nase zu beschnäuzen und zu beschnupfen, sodass es mit der kirchlichen Stille dahin war. Es half auch nichts, dass sich aus den vorderen Bänken die eine oder andere in Falten geworfene Stirn zur Nieserin umdrehte. Da das Schnäuzen zwar nachließ, doch immer noch in Intervallen wechselnder Länge ertönte, stand Christof auf und ging am Taufbecken vorüber durch den hinteren Teil der Kirche und dann den Seitengang des Mittelschiffs entlang. Dabei kam er am Beichtstuhl vorbei, blieb einen Augenblick stehen, und erst als er drinnen saß, auf dem für den Priester bestimmten hölzernen Sitz, fragte er sich, warum er dies getan hatte, warum er hier eingestiegen war. Er konnte keine Antwort finden, saß im Halbschummer des Beichtstuhls, doch da er das Schneufen der Frau kaum noch hörte, schien ihm sein Zweck erreicht, denn er hatte die Ruhe gefunden, die er gesucht, und in dieser gefundenen Ruhe stieg er also in sich selbst hinab.

Es geschah aber nichts. Es blieb leer in ihm.

Er habe, sagte Christof, einfach dort gesessen und darauf gewartet, dass etwas passiert. Es hätte sich, wie er sagte, nicht unbedingt der Himmel auftun und eine feuergleiche Stimme herabkommen und ihn anrufen und sagen müssen, wahrlich, werde Priester! Er habe lediglich auf irgendeine Kraft, eine Gewissheit, ein starkes Gefühl *in ihm, aus ihm* gewartet, ein Gefühl für oder wider das, was er zu tun vorhatte. Es kam aber nichts. Er saß nur da und hörte zu, wie eine Frau im rechten Mittelschiff ihre Bank verließ, sich am Rand abstützte, kurz ächzte und sich dann mit leise klöppelnden Schritten Richtung Ausgang bewegte, am Weihwasserbecken noch einmal stockte, bis die Portaltür sich quietschend öffnete und im Zurückschwingen ein raunendes Ausatmen von sich gab; dann war es wieder still. Mit der Zeit begann sich die Kirche ein wenig zu füllen, und Christof wusste, dass die Stunde des sakramentalen Segens näher rückte. So hörte er den Kaplan Franke plötzlich wie aus dem Nichts die entsprechenden Worte sprechen, hörte, wie im Mittelschiff ein Knautschen entstand von bestofften Armen, die sich im Rhythmus des Kreuzzeichens streckten, wusste, dass Kaplan Franke nun mit der Monstranz zum Tabernakel gehen, die Monstranz dort öffnen und die Custodia herausnehmen würde, wusste, dass Küster Jacobi die Monstranz später holen und in den Sakristeisafe sperren würde. Erschrocken bemerkte Christof, dass nun eine Rosenkranzandacht begann, dass es also für die nächste halbe Stunde mit der erhofften Ruhe endgültig vorbei war, und das schnelle, perlende, wie vom Rad sich abspulende *Gegrüßet seist du Maria* lullte ihn, kaum hatte es begonnen, ein, er schloss für einen Moment die Augen, *voll der Gnade*, der Beichtstuhl roch, stellte er fest, etwas ölig, *der Herr ist mit dir*, er spürte einen leichten Krampf im rechten Bein, streckte den Spann etwas nach oben, *du bist gebenedeit unter den Frauen*, die Müdigkeit, dachte er, die Müdigkeit, *und gebenedeit ist die Frucht deines Leibes*, er hatte schlecht schlafen können, in der Nacht zuvor, *Heilige Maria, Mutter Gottes,* warum, hätte er nicht sagen können, lag es am Mond, *bitte für uns Sünder*, lag es an dem, worüber er nachzudenken begonnen hatte, *jetzt und in der Stunde unseres Todes, Amen*.

Als er aufwachte, war die Andacht vorüber und er allein. Küster Jacobi hatte bereits alles verriegelt, sodass kein Herauskommen mehr war. Zwar hätte Christof durch einen Anruf vom Sakristeitelefon mühelos Hilfe holen können, doch sah er das, was geschah, als eine Art Zeichen, das ihm gereicht wurde, und das Zeichen lautete: Du hast eine Nacht in der Kirche zu verbringen; nach dieser Nacht wirst du wissen, was du wissen wolltest.

Er sei folglich festen Mutes aus dem Beichtstuhl getreten und habe dem Sonnenlicht zugesehen. Er sei sogar auf die alte Kanzel gestiegen, weil das Licht, das durch das äußerste Fenster mit den Seligpreisungen fiel, sich die Kanzel als letzten Punkt vor dem Verlöschen ausgesucht hatte. Dort sei er gestanden, habe in das blaurotgrüne Leuchten, in das gebrochene, durch die vielen Mosaikscherben gesplissene Licht geschaut, dann wieder, wenn es zu sehr schmerzte, die Augen geschlossen und die Wärme der Sonne im Gesicht gespürt. Bis sie weg war.

Christof setzte sich in die erste Reihe, merkte aber

bald, dass ihm kalt wurde. Er stand auf und dehnte sich ein wenig, spazierte durch die Gänge, an den Säulen vorbei, blieb vor den Statuen stehen, Mirakelsmadonna, Heiliger Antonius, Josef, sah in ihre sich mehr und mehr verdunkelnden Züge, ging weiter, doch trotz der Bewegung blieb die Kälte in seinen Gliedern (er trug nur ein kurzärmeliges Hemd, dazu eine leichte Leinenhose und keine Socken in den Sandalen), des Weiteren verspürte er nach dem kurzen Schlaf im Beichtstuhl Harndrang und aufkommenden Hunger. Er ging in die Sakristei. Dort war es ein wenig wärmer. In einer Ecke unter dem hohen, leicht vermilchten Fenster stand der kleine Tisch, an dem Küster Jacobi während der Messe hockte und Kreuzworträtsel löste. Christof setzte sich dorthin. Bis auf das matte Klacken der Pendeluhr war es still. Er scheute sich ein wenig vor dem Weg zu den Toiletten, stand trotzdem nach einer Weile auf und trat in die Dunkelheit eines langen, engen Ganges, tastete mit der flachen Hand über den verstaubten Putz, fand den Schalter und machte Licht. Der Gang führte in einen größeren Raum, in dessen Ausbuchtungen jede Menge Dinge standen, Christof verlor seine Scheu und wurde neugierig, er schlug sogar einige der schweren, die Dinge bedeckenden Tücher hoch, entdeckte Krippenfiguren, Schafe, einen Hund, einen großen Ochsen, das Jesuskind, den abgebrochenen Teil eines Hirtenstabes, er sah Christbaumständer, -kerzen und -spitzen, ein altes, großes Kreuz mit dem auf die Brust geknickten Haupt des

Herrn, versilberte und vergoldete Schalen und Platten, dann gab es riesige Kübel für Blumen, aber auch Putzeimer, Besen, mancherlei Geräte, selbst eine Schubkarre, drei Leitern in verschiedenen Größen, die an den Wänden lehnten, und endlich ging er zur Toilette, die er schnellstmöglich wieder verließ, weil in den Ecken des winzigen Raumes Spinnweben klebten, weil es aus der Kloschüssel stank und die Wände nur grob verputzt waren und das Waschbecken wackelig an der Wand hing und der Wasserhahn rumorte und von innen her stotterte, ehe Wasser heraussprotzte, der Spiegel fast blind war und der Griff der Tür schwarz und metallisch schwer und den Eindruck machte, er stamme aus dem vorigen Jahrhundert.

Er war erleichtert, als er wieder in der Sakristei war. Da er immer noch fror, öffnete er den Schrank mit den Messgewändern. An der Innenseite hing ein Ganzkörperspiegel. Christof zog eine der Kaseln vom Bügel und warf sie sich über. Das Gewand passte ihm, es fiel bis zu den Knöcheln hinab, der Stoff war dick, aber weich, fühlte sich etwas rau an auf der Haut, Christof rückte den Sitz des Gewandes zurecht, drehte sich ein wenig vor dem Spiegel, roch am Gewand, indem er einen Arm zur Nase führte, es roch alles andere als muffig, eher frisch, nach einem Waschmittel, fast wie parfümiert, er rieb sich den Stoff durchs Gesicht, es kratzte, aber angenehm, und so gekleidet setzte sich Christof wieder an den Tisch des Küsters.

Wärmer sei ihm geworden. Nur der Hunger, sagte er, sei stärker geworden, Durst hinzugekommen, sodass er aufgestanden sei, um zu sehen, ob Küster Jacobi vielleicht im winzigen Küchenraum der Sakristei etwas zu essen bereithielt. Der Kühlschrank war leer und ein Packen ungeweihter Hostien im Schrank das einzig Essbare, das er finden konnte. Christof ließ sie liegen und beugte sich zum Wasserhahn, um seinen Durst zu löschen. Er beschloss, sollte ihn das Bedürfnis noch einmal überkommen, ins Waschbecken zu urinieren, statt aufs Neue die verbrackte Toilette im hintersten Winkel der Kirche aufzusuchen. Den Hunger, sagte sich Christof, muss ich unterdrücken, ich muss, sagte er sich, fasten, vielleicht, sagte er sich, wird dieses einnächtige Fasten meinem Ringen ja zugute kommen, und damit erinnerte er sich daran, dass ein Ringen bislang noch gar nicht stattgefunden, es bislang noch keine Gelegenheit gegeben hatte, wirklich und tief in sich zu gehen, so tief, dass er vielleicht an etwas stoßen würde, das ihm sagte, ob das, was er tun wollte, das war, das er tun musste, und da auch in der Sakristei beim Ticken der Standuhr an Ruhe nicht zu denken war, trat Christof wieder hinaus in den Kirchraum, erschrak aber, denn es war dunkel. Er kam aus dem Licht, seine Augen mussten sich erst an den Dämmer gewöhnen. Durch die hohen Fenster drang immerhin ein Stück Mond. Er ging Richtung Altar und legte sich auf die unterste Altarstufe, breitete die Arme aus, legte sich auf den Bauch, ganz so, wie es die Priester beim Karfreitagsritual zu tun pflegen, mit dem einzigen Unterschied, dachte Christof, dass die Priester in der Stunde des *lema sabachtani* keine Messgewänder, sondern nur die weiße, vom Zingulum geschnürte Albe tragen, den Unterrock sozusagen.

Dort lag Christof eine Weile und wartete darauf, dass etwas geschah. Er versuchte sich zu sammeln. Die Lage war unbequem. Er nahm die Arme nach vorn und legte sein Gesicht darauf. So war es besser. Aber nun drohte er einzuschlafen. Ein leises Geräusch hinter ihm ließ ihn herumfahren. Aber nichts war da zu sehen. Das war, sagte sich Christof, nur ein Knacken des Holzes der Kirchbänke, Holz lebt, Holz knackt, Holz atmet, wie das Holz der Weinfässer, die mir Pauls Vater gezeigt hat. Das Holz knackte fortan nicht mehr, aber Christofs Ohr war offen nun, er lauschte nach hinten, lauschte, ob sich vielleicht doch im dunklen Kirchraum etwas regte, nein, sagte er sich, da ist niemand, ich bin allein hier. Und so versuchte er, in sich zu gehen, konnte aber das Gefühl nicht abstreifen, dass sich hinter ihm jemand befand, in seinem Rücken, das Gefühl, dass sich gleich eine Hand auf seine Schulter legen oder sich ihm ein Knie ins Kreuz pressen könnte, aber er zwang sich dazu, nicht zurückzublicken, sagte sich wieder und wieder, da ist nichts, konzentrier dich, geh in dich, da ist eine gefällte Entscheidung, deren Tragweite du auf ihre Tragbarkeit zu überprüfen hast, du bist allein, du bist hier, du liegst auf der untersten Altarstufe der Josefskirche, niemand sonst befindet sich in diesem Raum, bleib ruhig. Und er horchte in sich hinein wie in einen Brunnen, ganz so, als hätte er einen Stein hinabgeworfen und warte nun auf ein Geräusch. Aber da kam nichts. Stattdessen machten sich die Augenlider schwer, und er schlief ein. Er schlief lange, schlief, bis ihn ein Glockenschlag aus dem Schlaf riss.

Er konnte sich nicht bewegen, er lag dort an den Teppich gepresst, es war, als hätte er Zentnersäcke im Rücken, etwas *saß* da, *saß* auf seinem Rücken, etwas, das nicht dorthin gehörte, das ihn festhielt, auf den Boden presste, das dort hockte, ihn nicht freigab, ihn zwang, ihn überwältigt hatte. Seine Arme lagen nicht mehr in der Stellung, in der sie ursprünglich gelegen hatten, lagen nicht mehr als Stütze unter seinem Kopf, hatten sich im Schlaf wohl nach vorn verschoben, reichten jetzt bis an den Beginn der zweiten Altarstufe, und Christof versuchte, die Finger an diese Stufe zu klammern, zu krallen, sich vielleicht an ihr hochzuziehen, aufzurichten. Als er den Kopf drehte, fuhr ihm ein Stich in den Hals, sodass sein Gesicht wegknickte. Christof schmeckte den Teppich unter ihm, ein goldbrauner, alter, abgetretener Teppich war das, er schmeckte eine staubige, ausgedörrte Trockenheit, schmeckte den Weihrauch, der sich bei tausenden von Messen hineingebrannt hatte, schmeckte dicht gewobene Kälte und Körnigkeit. Spuckte. Schrie plötzlich auf. Schrie, man solle ihn loslassen, laut und erschrocken rief er dem Alp zu, er solle ihm vom Rücken springen, solle ihn freigeben, und als alles nichts nutzte, riss er sich mit aller Kraft, die noch in seinen Muskeln steckte, vom Boden hoch und sah plötzlich seinen eigenen Kopf unter sich liegen, seinen Hinterkopf, da war ihm, als risse er sich vom Teppichboden los, aber so hart und gewaltsam, dass sein Kopf, sein Gesicht, seine Haare, seine hinteren Haare im Teppich hängen blieben, kleben, verflochten in Fransen, Fasern. Das alles nur kurz. Splitterhaft.

Christof sagt, er habe einige Sekunden gebraucht, um vollends zu sich zu kommen, sei dann wieder zurück in die Sakristei gegangen, mehr gehumpelt als gegangen, habe sich die steifen Glieder warm gerieben, sei über die Uhrzeit erstaunt gewesen (vier Uhr morgens), habe, obwohl ihm bitterkalt gewesen war, das Messgewand ausgezogen, glattgestrichen und in den Schrank zurückgehängt, habe dann Streichhölzer gesucht und in einer der Schubladen gefunden, sei, um sich Bewegung zu verschaffen, ein wenig auf der Stelle gelaufen, daraufhin zum Taufbecken am Hauptportal gegangen, habe im riesigen steinernen Brunnen einen Haufen Verkündigungszettel sowie einige der im Eingangsbereich ausliegenden Broschüren und Zeitschriften verbrannt, habe sich mit dem Rücken dem Feuer zugewandt und sich das Kreuz und die Nieren gewärmt, habe anschließend die Asche in einen Eimer geklaubt, den er aus der Sakristeiküche mitgenommen hatte, diesen Eimer mit Wasser gefüllt und das Ganze ins Waschbecken gekippt, was wiederum ein halbstündiges Putzen und Reinigen nach sich zog, alles Dinge, die ihn beschäftigten, die dafür sorgten, dass er sich bewegte, dass die Zeit verstrich. Er machte hin und wieder eine Pause und sah zu, wie die Sonne aufging, schaute sich dann, als sich acht Uhr näherte, in der Sakristei und überall, wo er sich aufgehalten hatte, noch ein letztes Mal um, zog sich wieder in den Beichtstuhl zurück und wartete auf den Küster Jacobi.

Der sang, als er das Portal aufschloss, Christof hörte das Schuffeln von Füßen, das halb unterdrückte Räuspern, die Kirche füllte sich, und Christof trat aus dem Beichtstuhl heraus, hinter die Säule, hielt sich im Dunkeln, warf einen Blick auf die inzwischen versammelten Menschen und musste feststellen, dass sie nicht zu einer gewöhnlichen Morgenmesse gekommen waren, sondern zu Exequien, Schwarz in Schwarz, und da stand er und sah an sich herunter, sah seine weiße Leinenhose, sein helles Hemd, seine Sandalen, und in ebendiesem Augenblick hörte er das Quietschen der Portaltür, und ehe das Portal sich hätte schließen können, stürzte er an den Eintretenden vorbei, ohne sie anzuschauen, die Treppen hinunter, ins Freie, in die Sonne.

Er sei also, fährt Christof nach einer kurzen Pause fort, in die Kirche gegangen mit einer klaren Frage. Eine Antwort habe er nicht bekommen. Nichts sei geschehen. Nichts habe sich ihm offenbart. Nichts habe sich ihm zugesprochen. Nichts von dem, was man aus der Überlieferung kenne. Keine innere Stimme, kein Blitz, kein Leuchten, keine warme, den Körper durchflutende Gewissheit. Nichts. Stattdessen: Er sei eingeschlafen, er habe sich verlegen, er habe sich den Hals verrenkt, vielleicht ein wenig die Nieren verkühlt, sei aufgewacht, habe Schmerzen verspürt, kein Wunder, nach etlichen Stunden des schiefen Liegens, die Schmerzen seien so stark gewesen, dass er sich einen Augenblick lang nicht habe bewegen können, er sei heftig erschrocken und habe sich allerhand wirres Zeug eingebildet, kein Wunder, bei der Umgebung, in der er erwacht sei, er habe sich aus seiner Verspannung lösen können, um anschließend, für eine Sekunde, den Schatten seines Kopfes, seines Hinterkopfes und seiner Schultern unter ihm zu sehen, kein Wunder, bei dem durch die Fenster scheinenden Mondlicht. Ansonsten nichts. Doch Christof deutete dieses Nichts, dieses Schweigen, diese Leere als Zustimmung: Er habe kein klares Nein gehört, sagte er sich, also nehme er das Schweigen als Ja.

Und so wurde er es.

Nicht nur die Nacht in der Kirche, sagt Christof, sehe er mittlerweile als Indiz für jene Leere an, die sich in ihm ausgebreitet hätte, eine Leere, die er nunmehr Leere nennen wolle, obwohl er sie früher nie als Leere bezeichnet habe (ebenso wenig wie den erbarmungswürdigen Zustand als erbarmungswürdigen). Er habe damals, sagt er, andere, schmückendere Worte für die

Leere gefunden, zum Beispiel Gelassenheit oder Demut. Jahrelang habe er auf diese Weise gelebt, sagt Christof, und es sei ihm nicht schlecht dabei ergangen. Er wusste, er musste diesen und jenen Aufgaben nachkommen, diese und jene Verpflichtungen auf sich nehmen, diese und jene Haltungen verkörpern, und er, Christof, folgte dem Bild, das man entworfen hatte, und erfüllte alles, was man ihm antrug, und fand im Erfüllen seine Erfüllung, wie er sagt, weil er sah, dass es gut war, was er tat, dass es dem entsprach, was man von einem angehenden Priester zu erwarten pflegte.

Beim Studium verplemperte er keine Zeit mit Nichtstun, sondern verschlang die theologischen und kirchlichen Bücher. Andacht, Meditation, Gebet bereiteten ihm keine Schwierigkeiten, im Gegenteil, ihn dürstete danach. Er hockte, kniete, saß oder lag dann dort, wo er gerade war, blieb still, tat nichts, und nach kurzer Zeit stellte sich die von ihm beschriebene Gelassenheit (nun also Leere) ein, er war ganz leer, gab sich in die Leere hinein und glaubte an die Kraft dieser Leere. Er fand das, was er erlebte, beschrieben bei Meister Eckhart. Dort gab es das *lautere Nichts*, nur erfahrbar, wenn man frei wurde *jedweder Kreatur*, wenn man die *Abgeschiedenheit* von den Dingen lernte, und letztlich die Abgeschiedenheit von sich selbst. Mit alldem hatte Christof keine Mühe. Er wähnte sich schon frei von den Dingen und frei von sich selbst, da er nichts fand, in ihm selbst, von dem er sich hätte abscheiden müssen.

Auf diese Weise, sagt Christof, sei er von allem Unangenehmen verschont geblieben, da er alles Unangenehme nie als solches erlebt habe. Er habe es annehmen können, ohne mit Widerwillen, Zorn oder Unmut zu reagieren. Aufbegehren, sagt Christof, habe er nicht gekannt, damals. Kampf, sagt Christof, ebenfalls nicht. Unangenehmes sei für ihn Unangenommenes gewesen. Und nur durch bedingungslose Annahme sei es für ihn zu Angenommenem und damit zu Angenehmem geworden. Warum sich gegen das Unvermeidliche sträuben, habe er sich gesagt. Und hilft mir diese Haltung nicht? habe er sich gefragt. Ist es nicht vernünftig, mich dem zu stellen, dem ich mich stellen muss? Exakt die Dinge zu tun, die zu tun sind? Kann man nicht allem, was geschieht, etwas abgewinnen, wodurch das, was geschieht, in einem sinngebenden Licht scheint? Wie damals das Hornspiel im Nikolauskloster?

In den ersten Jahren als Kaplan verschlug es ihn in eine kleine Dorfgemeinde im Schwarzwald, wo er vier Jahre ohne alle Schwierigkeiten lebte, und ich denke, er wird er ein guter Priester gewesen sein, ein Mann, zu dem die Menschen Vertrauen fassten, jemand, der zuhören konnte, jemand, dem man, wie es heißt, sein Herz ausschütten konnte, jemand, der bestätigend nickte, wenn man zu ihm sprach und nicht zu früh eingriff, um Ratschläge zu erteilen oder Hinweise dergestalt zu liefern, wie man das Problem, die Krise, die Frage zu lösen hätte, nein, er wird einfach dagesessen sein, der

Christof, in leerem, gedankenfreiem Zuhören, ohne etwas zu sagen, er wird genickt und die Menschen ermuntert haben weiterzusprechen, und während sie sprachen, wird sich den Menschen ein Raum eröffnet haben, um selber herauszufinden, was sie eigentlich wollten. Endlich einmal jemand, werden sie gedacht haben, der keine Ratschläge austeilt wie Faustschläge, endlich jemand, der keine Lösung vor- und damit Türen zuschlägt, endlich jemand, der nicht vorgibt zu wissen, was gut ist, endlich jemand, der auf einen Rat verzichtet, weil er weiß, dass ein Rat doch nur ein Raten ist. So ein Priester, denke ich, wird Christof gewesen sein, und dort, im Schwarzwald, war er gut aufgehoben, da verlief alles im gleichförmigen Fluss der Leere, vier Jahre lang, ohne dass er selbst oder irgendjemand, den er kannte, das, was er tat, in Frage gestellt hätte.

Nach vier Jahren aber trat Christof seine zweite Kaplanstelle an, er musste den behaglichen Schwarzwald verlassen und hinab in die Stadt, nach Freiburg. Hinaus aus der vielfach erlebten Enge: der Enge des Weinbergstädtchens, der Enge des Nikolausklosters, der Enge des Borromäums und der Enge des Schwarzwalddorfes. So zog er im September des letzten Jahres um, in die Pfarre von Pastor Peter Lettner. Die ersten Monate verstrichen ereignislos, und Christof passte sich, so gut es ging, den Gegebenheiten an. Doch dann kam der Dezember. Und Christof stieg zu Kai ins Taxi. Bitterkalt war es, abends, ein Mittwoch, noch drei Wochen bis Weihnachten, Christof trug seinen schwarzen Mantel, war gerade von einem Kurzbesuch bei seiner alten Pfarre nach Freiburg zurückgekehrt und ging am Bahnhof auf das erste in der Reihe stehende Taxi zu, schob, da der Taxifahrer nicht ausstieg, um den Kofferraum zu öffnen, seine Tasche auf die Rückbank, knöpfte den Mantel auf und nahm auf dem Beifahrersitz Platz.

4 – GLORIA

Kai wird rote Haare haben, denke ich, gefärbt allerdings, kein dunkles rot, eher orange, kurz werden seine Haare sein. Eine Nickelbrille? Nein, eher eckig. Einsachtzig? Wahrscheinlich lange Hemden, schwarz selten, eher kariert, keine grellen Farben. Was ich nicht weiß: Wie seine Stimme klingt, ob seine Augen grün sind, ob man Narben sieht auf den Wangen, die von Akne herrühren, die ihm als Kind zu schaffen machte. Was ich weiß: Lehre als Kfz-Mechaniker, die er abbricht, Abitur, nachgeholt, einige Wochen Wehrdienst, den Dienst an der Waffe verweigert, weil er bei der ersten Schießübung in Ohnmacht fällt. Was ich mir vorstelle: Kai, der platt im Gras liegt, die große grüne Röhre in der Hand, der Unteroffizier, der neben ihm kniet, ihn einweist, das schwarz abgefackelte Gras hinter Kai, das von der heißen Rotze stammt, welche die Panzerfaust nach hinten spuckt, Kai, der abdrückt, das Geschoss, das durch die Luft fliegt, sich in die Zielscheibe bohrt, Kai, der die Panzerfaust ablegt, der Unteroffizier, der ihn anbrüllt, Kai, der aufsteht, weggehen will, umkippt, die Schreie, der Sanitätswagen. Eine wirkliche Ohnmacht? Oder Kais erster Auftritt als Schauspieler?

Nach dem Zivildienst das Studium. Medizin, Jura? Nein, ausgeschlossen. Vielleicht Romanistik, Politik? Schon eher. Nach drei Jahren bricht er das Studium ab und reist ein Jahr lang durch Kuba, Guatemala, Belize und Mexiko. Nach seiner Rückkehr verschickt er einige Blindbewerbungen, er ist 26 inzwischen, rutscht in eine tiefe Krise und hält sich mit verschiedenen Jobs über Wasser. Was ich nicht weiß: Ob er sich in dieser Zeit überhaupt über Wasser halten will.

Dann der Film.

Ich denke: Es wird kalt gewesen sein, als Kai ins Kino geht, Gedränge an der Kasse, ein Samstagabend, Schlangen. Wie er dort steht, langer Mantel, er sieht müde aus und raucht, während er wartet, rückt Fußspitze um Fußspitze mit den anderen zur Kasse vor, bezahlt, geht zum Saal, lässt einen Mann, der dort steht, seine Karte einreißen, verzieht den Mund, als er die eingerissene Karte zurückerhält, fragt sich plötzlich, als er das Stück Papier in seinen Händen sieht, Papier, das bedruckt ist, das sich pappig anfühlt, das eingerissen ist, fragt sich plötzlich, als er so dasteht, was das soll, sieht das eingerissene Papier und sieht in ihm die ganze Welt und sich selbst in vollendeter Sinnlosigkeit und schiebt das Papier in die Gesäßtasche und sagt sich, dass er es irgendwann wieder herausholen und fortwerfen muss, denn wenn er, denkt er, vergäße, es herauszuholen, wenn er die Hose in die Wäsche steckte, ohne die Karte vorher zu entfernen, so würde er anschließend ein mürbes Häufchen

Krümel aus der Tasche pulen müssen, und als er diesen Gedanken denkt, merkt er, dass er aufhören muss zu denken, denn wenn er nicht aufhören würde zu denken, käme er an einen Punkt, von dem aus kein Schritt mehr nach vorn ginge, und so tritt er ein und setzt sich und stopft den Mantel unter den Sitz.

In diese Verfassung hinein der Film. Ich weiß nicht, ob Kai aus seiner Stimmung gerissen oder noch tiefer in sie gestoßen wird, ob der Film ihm sein Gefühl nimmt oder es bis in die kleinsten Ecken ausleuchtet. Ich sehe Kai erst wieder, als er das Kino verlässt, ihm fällt nicht auf, ob es zu schneien oder zu tauen begonnen hat, er hat kein Auge für das, was in der Luft hängt, es friert ihn weder, noch ist ihm warm, er geht nach Hause, wo er den Mantel in den Flur wirft, sich aufs Bett hockt, den Nacken an der kahlen Rauputzwand, dem Film nachsinnt, und während er so sitzt, sehe ich, wie ein kleines, noch verstecktes Ahnen sein Gesicht von innen zu bewegen beginnt, eine Bewegung, die zunächst die Augenbrauen ergreift, dann die Mundwinkel, *Schauspieler*, denkt er und dehnt die Silben des Wortes, hört, wie sie in ihm klingen, das Ahnen wird zur Gewissheit, noch in dieser Nacht, nach diesem Film, eine Gewissheit, nach allem Ausprobieren, nach allem Anfangen und Abbrechen, nach allem ziellosen Hin- und Herhuschen, endlich eine Gewissheit.

Die nächsten Monate: Er lernt Texte auswendig, beginnt zu sprechen, zu spielen. Kratzt Geld zusammen, bittet seine Eltern um Unterstützung, nimmt privaten Unterricht, richtet sein Leben auf den Tag des Vorspiels aus, vernachlässigt Freunde, Bekannte und alles, was ihm Zeit nehmen könnte, bekämpft Angstschübe und Panikattacken, verscheucht seine Nervosität durch Entspannungsübungen, tut alles, was ein Mensch nur tun kann, um bestvorbereitet in die Prüfung zu gehen. Und das Vorspiel gelingt. Man nimmt ihn auf.

Ich weiß nicht, wie lang seine Begeisterung anhält. Ein halbes Jahr, zehn Monate? Fest steht: Bald wirft er die Brocken wieder hin.

Er sei, sagt er, an seiner eigenen Unfähigkeit gescheitert. Er habe sich im Laufe seines Studiums, so, wie es im Studienplan vorgesehen war, alte Theateraufnahmen angesehen, *nicht nur* Gustaf Gründgens, *aber auch* Gustaf Gründgens, auch ihn, und nachdem Kai erstmals etwas von ihm gesehen hat, ist seine eigene unverkrampfte Art zu spielen wie weggeblasen, vor ihm steht immer jenes Bild des Teufels, der, als er den Teufel spielt, der Teufel *ist*, und neben diesem Bild sieht er sich selbst auf der Bühne, steht sozusagen neben sich, während er spielt, und weiß, kennt, sieht, *fühlt* den Unterschied, gepaart mit der Gewissheit, nie so spielen zu können wie jener Mann, der wie der Teufel spielt, und wenn ich, denkt Kai, nicht so spielen kann wie der, der es am besten kann, so will ich lieber gar nicht spielen, ich will es auch nicht zu lernen versuchen, denn es wäre ein ewig endloses Hinterhergehampel ohne Ziel und Ende, um nach langen Jahren zur bitteren Erkenntnis zu gelangen, dass es nicht reicht.

In Wahrheit wird er, denke ich, nicht mit dem zurechtgekommen sein, was die anderen von ihm gewollt haben. *So* solle er sprechen und *dorthin* gehen, sich *auf diese Weise* bewegen und *ja nicht* den Einsatz verpassen. Hier leise, sagt man ihm, dort laut, diese Stelle nicht so schnell, die andere langsamer und kein echter Kuss, nur die Lippen aneinander drücken. Das, denke ich, hat er nicht erwartet. Alles, was man ihm auferlegt, fesselt ihn, hindert ihn daran, frei zu entfalten, was er, zum ersten Mal in seinem Leben, in sich sieht. Das will er nicht, das kann er nicht, das hat er sich anders vorgestellt, und so gibt er auf und reißt sich aus sich selbst heraus.

Sein Geld verdient er fortan als Taxifahrer.

Und nun? Schweigen oder reden? Der Fahrgast wirft sein Gepäck, wenn er welches hat, in den Kofferraum oder auf den Rücksitz, steigt ein, sagt einen Straßennamen samt Nummer. Das ist alles. Dann Schweigen. Der Fahrgast schaut aus dem Fenster, Kai auf die Straße. Kai fährt schnell, denke ich, nicht etwa, weil er jeden Tag fährt, weil er das Gefühl fürs Tempo verloren hat, nein, er fährt schnell, weil er den Fahrgast so schnell wie möglich loswerden will. Weil er den Gast samt Schweigen, das er mit sich bringt, ausladen will, raus haben will aus dem Wagen, weil er wieder allein sein will, am Bahnhof stehen will, Zeitung lesen will, essen will, warten. Stattdessen Schweigen. Eine Ampel steht im Weg, Kai muss anhalten, schaut aus dem Fenster, Stille. Kai hat kaum Mittel, die Stille zu durchbrechen. Am Anfang kann er den Fahrgast ans Anschnallen erinnern. Wenn er Glück hat, gluckst oder kratzt es irgendwann im Funkgerät. Dann kann er einen Knopf drehen oder vielleicht einen Funkruf beantworten. Aber das ist alles. Das sind die Waffen, die ihm zur Verfügung stehen. Sonst nichts. Sonst heißt es: Schweigen aushalten. Kai: Das habe er nicht gekonnt. Und fängt an zu reden.

Was ihn langweilt: Belangloses Geschwätz, Fragen nach Beruf und Befinden, Wetterdialoge. Stattdessen: Begebenheiten, von denen er irgendwo gelesen hat, kleine Geschichten, der Klatsch der letzten Zeitungsseiten, Dinge, die sich wirklich ereignet haben, aber haarsträubend, unerhört. Ein arabischer Vater zum Beispiel: Der sei mit seinen Kindern durch eine endlose Wüste gefahren, im offenen Geländewagen, die Kinder hinten drin, und plötzlich sei ein Falke vom Himmel herabgestürzt, denn dieser Falke habe nicht mehr fliegen können, weil sich eine Giftschlange im Flug um seine Flügel gewunden habe, die Giftschlange sei ursprünglich des Falken Beute gewesen, habe aber im Luftkampf um Leben und Tod den Falken in höchste Schwierigkeiten gebracht, wodurch sich der unverhoffte Sturz erkläre, und da die Krallen und der Schnabel des Falken die Schlange noch nicht vollkommen getötet hätten und da der Falke mit der um seine Flügel gewickelten Schlange direkt in den offenen Jeep des durch die endlose und leere Wüste fahrenden Vaters gefallen sei, dort aber die entsetzten Kinder um sich geschlagen und gekreischt hätten, habe sich die Schlange in zwei der sie abwehren wollenden Hände verbissen, sodass die beiden Kinder des einsam durch die Wüste fahrenden Vaters dem Giftbiss erlegen seien, da sich niemand in der Nähe aufgehalten habe, der den Kindern mit einem Gegenmittel hätte helfen können. Auf die Frage, inwieweit die Geschichte der Wahrheit entspreche, antwortet Kai, ganz sicher, das sei die Wahrheit, er habe es mit eigenen Augen auf der letzten Seite einer nicht unseriösen Tageszeitung gelesen.

Kai, irgendwann, plötzlich, zu einem Fahrgast: Wir wissen wenig voneinander. Der Fahrgast schaut auf. Kai: Wir sind Dickhäuter, wir strecken die Hände nacheinander aus (er lässt das Lenkrad los), aber es ist vergebliche Mühe, wir reiben nur das grobe Leder aneinander ab – wir sind sehr einsam (er nimmt das Lenkrad wieder in die Hände). Das ist einfach so über ihn gebrochen, und er kostet die Sekunden aus, in denen der Fahrgast hüstelt, in den Seitenspiegel sieht, einen Hemdknopf zumacht, eine Fluse vom Oberschenkel pflückt, ehe Kai sich ihm zuwendet und sagt: Ist das nicht herrlich? *Dantons Tod*. Ein unglaubliches Stück. Und der Fahrgast nickt erleichtert.

Ein Wendepunkt in Kais Karriere als Taxifahrer. Er erinnert sich plötzlich an das (wenn auch wenige), was er auf der Schauspielschule gelernt hat und sieht fortan seine Taxifahrten als Theateraufführung an, als Ein-Personen-Stücke mit einem (meist) Ein-Personen-Publikum und merkt, wie es ihm im Taxi überhaupt nichts ausmacht, schlecht zu spielen, hier, im Taxi, erwartet man nichts von ihm, hier gibt es keine Vorbilder, deren Last ihn erdrückt, ja, mehr noch, hier gibt es nicht einmal die Unterteilung in gut gespielt und schlecht gespielt, es gibt kein Urteil, keinen Maßstab. Er kann alles tun, was er tun will, ohne dass jemand ein kritisches Wort hätte finden können, er kann maßlos übertreiben, mit aus dem Gesicht quellenden Augen, mit zitterndem Pathos in der Stimme, mit ausfernden Gesten (soweit es das Fahren zulässt), oder er kann still spielen, fast in sich gekehrt, flüsternd, er kann nuscheln oder murmeln, statt zu deklamieren, er kann den Text wie beiläufig von sich geben, aus der Hüfte heraus, vielleicht indem er aus dem Fenster zeigt (obwohl es gar nicht zum Text passt), er kann Sätze, die man hätte schreien müssen, runterleiern, und Sätze, die man hätte leiern müssen, schreien, er kann sich bei einer Sterbeszene bedenklich zum Mitfahrer hinüberlehnen oder bei einer Liebesszene zu lachen beginnen, es gibt keine Regeln, keine Vorschriften, keinen Schauspielführer, keinen Regisseur, dessen Anweisungen er zu befolgen hat, es gibt nur ihn und den Fahrgast.

An dem Tag, an dem Christof zu ihm ins Taxi stieg, hatte sich Kai, wie er Christof später erzählte, ein paar Sätze aus der Schlegelschen Hamletübersetzung zurechtgelegt. Es fiel ihm nicht immer leicht, geeignete Textstellen für seine Aufführungen zu finden. Es mussten prägnante Sätze sein; sie mussten leicht verständlich und durften weder zu stilisiert noch in Reimen geschrieben sein; vor allem aber durften keine Namen vorkommen. Kai hatte an diesem Tag also eigentlich sagen wollen: Wir mästen alle andern Kreaturen, um uns zu mästen; und uns selbst mästen wir für Maden. Der fette König und der magre Bettler sind nur verschiedene Gerichte; zwei Schüsseln, aber für eine Tafel: Das ist das Ende vom Lied. Doch als Christof mit aufgeknöpftem Mantel zu ihm in den Wagen stieg, sah Kai dessen Priesterkragen und schluckte den Hamlet hinunter. Ein Priester, dachte Kai, er hatte noch nie einen Priester gefahren, oder besser gesagt: noch nie einen Fahrgast als Priester erkannt, und der anfahrende Kai hatte plötzlich eine Art Eingebung und begann – etwas, das er bislang noch nie getan hatte, das er aber in Anbetracht des Fahrgastes und der schon in allen Geschäftsstraßen angebrochenen Weihnachtszeit mehr als angemessen fand – er begann zu singen. Er sang das Lied *Es ist ein Ros entsprungen*, er sang es laut und kräftig und wunderte sich, wie leicht es ihm fiel, sich an den Text zu erinnern, hatte er das Lied doch ewig nicht mehr gesungen, und die Entscheidung, das Lied zu singen, war so plötzlich über ihn gekommen, dass er beim Anschlagen der ersten Töne gar nicht wusste, ob er das Lied, das er nur aus der Kindheit kannte, überhaupt auswendig würde zu Ende bringen können, doch schaffte er die erste Strophe ohne Aussetzer.

Und Christof? Der sah, während Kai sang, hinüber zum Fahrer, dann wieder nach vorn auf die Straße, und als Kai die erste Strophe beendet hatte, räusperte sich Christof und begann die zweite Strophe zu singen und nach der zweiten die dritte. Er sang aus vollem Hals und mit Inbrunst, wie man sagt, ohne jeden Hintergedanken, und Christof war ein guter Sänger, konnte den Ton halten, denn er hatte im Laufe seiner Ausbildung Gesangsunterricht genommen, da er sich nicht die Blöße geben wollte, die österlichen Hallelujaintonationen zu verpatzen, er fragte sich nicht, weshalb der Taxifahrer zu singen begonnen hatte und was er damit bezwecken wollte und ob das Anschlagen des Weihnachtsliedes ein Zeichen der Freude war oder bloße Provokation, nein, Christof sang einfach mit, er sang aus jener Leere heraus, die ihn einfach hatte einstimmen lassen, ein wenig mechanisch fast, und so war das Taxi erfüllt von seiner wohlschwingenden Baritonstimme, während der Diesel unter den beiden einen Grundton brummte, der wie ein Bass das Weihnachtslied trug.

Kai wird gelächelt haben, stelle ich mir vor, ein wenig verkniffen, denn ihm wird klar gewesen sein, dass etwas geschah, das recht selten geschah, dass nämlich der Fahrgast sein Spiel mitspielte. Und Kai wird nach etwas gesucht haben, das er am Ende des Liedes dem Priester würde erwidern können. Es muss etwas sein, wird Kai gedacht haben, das ihn, den Priester, sprachlos zurücklässt, ihn überrumpelt, ihn überfällt, ihn regelrecht *trifft*. Nur was? Es war das Lied selbst, das Kai die Richtung zeigte, denn als Christof die dritte Strophe ohne zu stocken vortrug, sang er vom *Blümelein, das süß duftet*, gemeint war das Jesuskind in der Krippe, und Kais Gedanken, stelle ich mir vor, nahmen vor ihm Gestalt an, er wusste, es waren nur noch wenige Zeilen bis zum Ende der Strophe, und kurz vor Schluss, nach der Wiederholung der ersten Phrase, dort, wo es hinabgeht aufs tiefe B, das voll und vibrierend aus Christofs Brustkorb klang, da hieß es plötzlich *wahr Mensch und wahrer Gott*, und Kai wird gedacht haben, das ist es, wollen mal sehen, was er dem entgegenzusetzen hat, der Priester, und da endete Christof.

Kai: Süß duftet?

Christof: Ja?

Kai: Das solle ihm einer erklären, wie es da geduftet habe.

Christof: Wo?

Kai: Im Stall.

Christof: Wieso?

Kai: Der Staub, die Asche, das Feuer, der Dreck der Reise, der noch an den beiden klebe, der Schweiß, das Blut der Geburt, überall der Kot von Tieren, der Ochse pisse in die Krippe, und was mit den Windeln sei? Ob das Kind keine Windeln getragen habe?

Rot, rief Christof und streckte die Hände aus.

Kai sah nach vorn und bremste.

An diesem Wintertag war es glatt. Als Kai sich zu Christof drehte, um zu sehen, wie der Priester auf seine Worte reagierte, reagierte er selbst zu spät. Er kam ins Schlittern, Richtung Frau, die über die Straße ging.

Und das war Ina.

Die sah das heranrutschende Taxi, sprang hoch, damit der Wagen sie nicht voll erwischte, und landete mit dem Oberkörper auf der Kühlerhaube. Sie breitete die Arme aus. Das Taxi rutschte noch einige Meter, Ina auf der leicht eingedellten Haube, Galionsfigur, ihre Wange an der Windschutzscheibe. Sie blickte zu Christof und Kai ins Innere und bewegte die Lippen. Dann kippten ihr die Augen nach hinten, und sie glitt hinab. Es hatte zu schneien begonnen. Der Blinker tickte. Die Scheibenwischer schrubbten übers Glas. Der Motor lief noch. Die Gurte surrten zurück, und Kai und Christof sprangen aus dem Auto, Kai wäre beinah ausgerutscht, hielt sich am Türrahmen fest, auf Christofs Seite war es weniger glatt. Sie liefen nach vorn, kamen bei Ina an, die auf der Straße lag und stumm blutete. Das Funkgerät, schrie Kai, tastete sich am Blech entlang zurück in den Wagen, funkte die Zentrale an, wusste nicht, was er sagen sollte, wusste zuerst nicht, wo er war. Und dann standen beide neben der auf dem Boden liegenden Ina, die langsam zu sich kam. Kai bedeckte sie mit seinem Mantel, hielt ihre Hand und sprach auf sie ein, Christof lauschte in die Nacht, ob nicht schon das Martinshorn zu hören war. Der Krankenwagen kam, und man packte Ina auf die Trage. Kai wollte sofort in sein Taxi steigen und hinterherfahren, doch er spürte einen Druck auf dem rechten Arm und hörte das Wort *halt*, laut hörte er es, dicht an seinem Ohr, Moment, sagte da jemand, und Kai drehte sich um: einer der beiden Polizisten. Halt, sagte der, da gibt es noch ein paar Fragen. Und obwohl Kai sofort zu reden begann und nichts abstritt und zugab, dass es sein Fehler gewesen war, dass er zu spät gebremst hatte, obwohl er dem Polizisten sagte, dass er so schnell wie möglich zum Krankenhaus wolle, dem Krankenwagen hinterher, dass er wissen wolle, wie es um die Frau, die er angefahren hatte, stehe, ließ ihn der Polizist nicht fort, schon gar nicht, sagte er, *in diesem Zustand*, in welchem Zustand, fragte Kai, Schock, sagte der Polizist. Da mussten die üblichen Formalitäten erledigt, Papiere hin- und hergeschoben, Funksprüche getan und quakende Antworten angehört werden, alles verlief in routinierter Gleichförmigkeit und erschreckend langsam. Kai blickte ständig, vollkommen sinnlos, in die Richtung, in die der Krankenwagen verschwunden war. Und als die Polizisten alles notiert und an die Zentrale weggefunkt und ihr schweigendes Blaulicht abgestellt hatten, als alles zu ihrer Zufriedenheit geregelt war, stiegen sie in das Polizeiauto, und langsam, wie in Zeitlupe, entfernten sich die Rücklichter. Eine Weile standen Kai und Christof unschlüssig in der kalten Nacht, dann warf Kai einen fragenden Blick auf Christof, Christof erwiderte den Blick und sagte, es ist wohl besser, wenn *ich* fahre.

Und so fuhren sie durch die sich mit Schnee füllende Nacht, fuhren zum nächstgelegenen Krankenhaus, ja, sagte man ihnen, soeben sei eine Frau eingeliefert worden, ein Unfall, jemand sei gerade bei ihr, man könne nicht sagen, wie lange es daure. Sie setzten sich. Wippend saß Kai da, verbog seine Hände, hob seinen Kopf alle paar Sekunden und schaute in die Richtung, aus der er den Arzt, die Schwester, irgendjemanden erwartete, der ihm die Nachricht bringen würde, wie es ihr gehe, der Frau, Ina, deren Namen er noch nicht kannte. Christof stand auf, sagte, lass uns ein wenig gehen, und sie gingen den Krankenhausgang entlang und wieder zurück. Christof öffnete das Fenster, sodass Kai sich hinausbeugen und Luft schöpfen und dem Schnee zuschauen konnte, der immer dichter fiel. Da standen sie. Kai drehte sich um und sah Christof an. Du musst nicht mit mir warten, sagte Kai. Doch, sagte Christof, ich bleibe.

5 – PRIMA LECTIO

Ungefähr eine Woche nach der Beerdigung seines Vaters nahm mich Christof beiseite und sagte: So'n Grab ist ganz schön tief. Damit schien er alles gesagt zu haben, was er zu sagen hatte, und redete nicht mehr davon.

Und ich? Die Tage unmittelbar danach sind für mich wie ein von innen verhangener, dunkler Raum, durch den ich, will ich mich erinnern, tapse, mühsam nach Dingen tastend, die ich erkennen möchte, die ich fassen, an die ich meine Hände klammern könnte. Aber da ist nichts. Ich weiß nicht mehr, wer es war, der mir erzählte, wie Christofs Vater starb, ich weiß nicht mehr, wie ich mich fühlte, als ich es erfuhr, ich weiß auch nichts mehr von den Männern, die wohl gekommen sein müssen, uns Fragen zu stellen über den Hergang all dessen, was sich im Schuppen und in Christofs Haus zugetragen hatte, ich habe keine Gesichter vor Augen, es ist *nichts* da, wo eigentlich *etwas* sein sollte.

Erst bei den Exequien sehe ich mich wieder, sehe mich in der Kirche schräg hinter Christof sitzen. Aber ich weiß nicht, ob ich meine Erinnerung nur erfinde: Die Messe wurde auf Lateinisch gelesen, so, wie Christofs Vater es gewollt hätte. Beim Confiteor sprach man die Worte *mea* und *culpa*, mit gleichzeitigem dreifachem Schlag an die Brust, und Christof zuckte zusammen, glaubte ich zu sehen, er zuckte zusammen bei dem Gebet, als hätte er gar nicht gewusst, gar nicht damit gerechnet, dass man auch *dieses* Gebet sprechen würde, auch an *diesem* Tag. Und während er sitzen blieb, sah ich, wie er mehr und mehr in sich zusammensackte. Wie seine Schultern kleiner wurden, gedrungener, nach innen knickten, ich sah, wie sein Kopf immer tiefer auf die Brust kippte, wie sein Rückgrat sich zu krümmen begann, ich sah, wie er schmolz während der Messe, ich sah nur auf ihn, nicht auf mich, in seinem Nacken klebten Tropfen, und als er sich schließlich umdrehte, beim Auszug, am Schluss, da erkannte ich sein Gesicht kaum wieder: Es war weder kalkweiß noch nass, es war wie eingeschlagen, es war ein Brei, schwammig, als hätte man ihm die Knochen mit einer Zange aus dem Gesicht gezogen.

Oder ist all das nur ein Bild, das ich mir in die Erinnerung gemalt habe, als Stütze, als Hilfe, um Christofs Stillerwerden zu verstehen, sein Schweigen? Denn der redete nicht mehr viel. Der schwieg mit erstaunlicher Beharrlichkeit, mit alles überschattendem Ernst. Seine Trauer war maßlos, sie verschlang ihn mit Haut und Haar, nichts blieb mehr übrig von dem Christof, den ich kannte. Das war eine gigantische Trauer, die immer größer zu werden schien, je länger sie dauerte, eine von tiefer Schuld gespeiste Trauer, wie ich mir vorstellen konnte, und Christof gab sich ganz der Trauer hin, verlor nicht nur die Sprache, verlor auch seine Heiterkeit, sein Lachen, es war, als gäbe es nichts mehr außer dieser Trauer.

Obwohl er nicht redete, suchte er meine Nähe und wollte sogar von Zeit zu Zeit bei mir übernachten. Ich freute mich darüber und dachte, dass es gut sei, ihn nicht zu sehr allein zu lassen, und so schleppten wir des öfteren eines der Klappbetten, die meine Eltern für die Erntehelfer im Herbst benötigten, in mein Zimmer, und ich erinnere mich daran, wie ich ihn, während er schlief, beobachtete, denn wenn das Mondlicht stark genug durch die Ritzen der Rollläden schien, konnte ich in sein schlafendes Gesicht sehen, eine Strähne hing ihm in der Stirn, ich konnte hören, wann sein Schlaf begann, wann er aus der Einschlafphase in den Tiefschlaf fiel, ich konnte seine Atemzüge unterscheiden, zunächst ein unruhiges Pfeifen, später ein längeres, gleichmäßiges Ziehen, und als er endgültig eingeschlafen war, stand ich noch einmal auf und ging zur Toilette, hielt, nah an seinem Bett, den Türgriff in der Hand, kurz inne.

Einige Male versuchte ich, mit ihm zu reden, über das, was geschehen war, mich ihm behutsam zu nähern, aber er schien mich nicht zu hören, es war, als schwebe eine Art unsichtbarer Nebel um ihn, der ihn ungreifbar machte. Nach vier Monaten verlor ich die Geduld. Und mit der Geduld die Behutsamkeit.

Ich war in diesen Tagen regelrecht sauer auf ihn. Wir hatten gerade seinen vierzehnten Geburtstag gefeiert, wenngleich gefeiert nicht das richtige Wort ist. Ich hatte eine Überraschungsparty veranstaltet, Christof aber hatte alle Geschenke, Gratulationen und Spiele, die ganze Stimmung des Geburtstages mehr oder weniger teilnahmslos über sich ergehen lassen. Wenn das alles nichts hilft, dachte ich, so ist es an der Zeit, ihn schärfer anzugehen, ihn aufzurütteln, ihn, egal wie, herauszureißen aus dem Sumpf, in dem er zu versinken droht.

Wir trafen uns drei Tage nach seinem Geburtstag in meinem Zimmer und spielten, da wir nicht sprachen, stumm Backgammon. Ich verlor in beständiger Regelmäßigkeit. Das wurmte mich, denn Christof schien sich gar nicht recht zu konzentrieren, spielte mehr oder minder aus einer inneren Gleichgültigkeit heraus und gewann Spiel um Spiel. Im letzten Spiel warf Christof drei Fünferpäsche hintereinander und war uneinholbar in Front. Ich spielte ruhig zu Ende. Es stand fest, dass ich verlieren würde, denn seine sämtlichen Steine waren bereits im Ausstiegsfeld, meine aber lungerten noch mitten auf dem Brett herum, und ich hatte keine Möglichkeit mehr, einen seiner Steine zu schlagen, und so kroch ich mit jämmerlichen 1-und-2-Würfen über das Feld, während Christof seine Steine in Paaren aus dem Spiel raffte oder mitunter, wenn er einen Pasch warf, vier Steine mit leisem, hölzernem Klicken aufeinander schichtete und neben das Brett stapelte. Mit jedem Zug stieg meine Wut. Auf das Spiel, auf die Steine, auf die Würfel, auf Christof, ich sammelte die Wut, hielt sie fest, wusste, dass ich ihre Kraft brauchte, für das, was ich Christof sagen wollte, und als Christof endlich den letzten Stein entfernt und das Spiel gewonnen hatte, da fragte ich ihn, einfach so, gerade heraus, still, ruhig, mit im Innern eingeklemmter Erregung, ich fragte ihn, wie lange er noch trauern wolle. Er sah mich an. Ich hielt seinem Blick stand. Er sagte nichts. Sein Blick wurde schmaler. Da brachen die letzten vier Monate aus mir heraus, und ich packte ihn an den Schultern und schüttelte ihn und rief, wach doch auf, Christof. Er schwieg zunächst, und erst als ich ihn losließ, sagte er etwas zu mir, er sagte es leise, langsam, deutlich, einen einfachen, schlichten Satz, er sagte, Paul, das ist keine Trauer. Er blieb sitzen und senkte den Blick. Ich glaubte ihn zu verstehen, ja, dachte ich, ich weiß, was du meinst, ich weiß, wovon du sprichst, natürlich ist es keine Trauer, und ich fragte ihn, es ist das Mehl, nicht wahr, es ist der Gips? Aber er sagte, nein, auch das ist es nicht. Und als er das sagte, sah er mich an, als platzten seine Augen auf, kurz nur, und statt in seine Augen sah ich in etwas, das nicht zu ihm zu gehören schien, und ich konnte nichts sagen, konnte mich nicht regen, konnte ihn nicht fragen, aber was ist es dann, Christof? Ich blieb still. Trotzdem war es, als hätte Christof mir meine Frage aus dem Gesicht gelesen, denn er sagte: Frag mich nicht, Paul, frag mich nicht. Das war alles. Dann stand er auf und ging.

An seinem Zustand änderte sich nichts. Sein Schweigen dauerte an, und ich hatte die Hoffnung schon aufgegeben, als er doch noch, vollkommen unerwartet, aus seiner Verschlossenheit gerissen wurde.

Mein Vater war ein ruhiger Mensch, ungeheuer dick, ein Koloss mit trockenem Humor, der sich Zeit nahm für das, was er tat. Alles Hastige, Fahrige, Ruckartige war ihm fremd, und ich kann nicht sagen, ob diese gelassene, langsame Art Ursache oder Resultat seines Körperumfangs war. Wenn ich an ihn denke, erinnere ich mich daran, wie ich als kleines Kind auf seinen Schultern geritten bin, wie sein massiger Körper mich getragen hat, wie er mir fast jeden Abend, am Bett, eine neue Geschichte erzählte, ich erinnere mich an die täglichen Mahlzeiten, bei denen meine überdünne Mutter nicht müde wurde, ihn zu ermahnen, er solle nicht so viel essen, aber mein Vater beachtete sie nicht, sondern aß, bis sich Schweiß auf seiner Stirn zeigte, aß, bis er sich schnaufend und noch kauend in seinem Stuhl zurücklehnte, die Serviette abband und auf den Tisch legte, sich dann kurz den mächtigen Bauch hielt, mit vollgestopften Backen den Rest aus seinem Bierkrug, in dem sich Most befand, wegschlürfte und die letzten verflüssigten Bissen hinunterwürgte. Dann wischte er sich den Schweiß von der Stirn, stand auf und legte sich zum Mittagsschlaf. Nur zwei Mal hatte meine Mutter versucht, ihn zu maßvollerem Essen zu zwingen, indem sie erheblich weniger kochte, als mein Vater von ihr zu kochen verlangte. Der erste Versuch scheiterte an der simplen Tatsache, dass mein Vater als Erster zu den Schüsseln griff, sich seine Portion auf den Teller häufte und nicht darauf achtete, was für meine Mutter und mich übrig blieb; das bedeutete, dass er die Schüsseln vollkommen leerte, was ihn jedoch nicht sonderlich zu stören schien, denn er sagte nur mit scheinbar unbeteiligtem Achselzucken, zu wenig gekocht, was? Dabei zwinkerte er mir zu, meine Mutter schüttelte den Kopf und sagte, du hast auch immer das letzte Wort, ging in die Küche und kam mit belegten Broten zurück. Das zweite Mal hatte meine Mutter vorab unsere Portionen aus den Schüsseln genommen, sodass für meinen Vater nur noch unverschämt wenig übrig blieb. Er ließ sich aber nicht aus der Ruhe bringen, sondern aß das wenige, was noch in den Schüsseln war, stand anschließend auf, zog sich die Jacke an und sagte, ohne die geringste Aufgebrachtheit in der Stimme, er gehe noch auf ein Schnitzel in den *Hirschen*. Daraufhin stellte meine Mutter ihre Versuche ein.

Meinem Vater blieb Christofs Zustand nicht verborgen, und wenn er ihm begegnete, nahm er sich Zeit und sprach mit ihm, sprach zunächst vom Wetter und von allerhand bedeutungslosen Dingen, und als er Christof damit nicht aus der Reserve locken konnte, begann er ihm Fragen zu stellen, und als Christof ihm mit derselben Einsilbigkeit antwortete wie mir, ließ er ihn in Ruhe und dachte nach. Bis er nach einiger Zeit des Nachdenkens plötzlich meiner Mutter und mir verkündete, er wolle Christof und mich mitnehmen: zur Weinmesse nach Carpentreux. Der Junge muss mal raus, sagte mein Vater und meinte Christof damit, der muss mal was anderes sehen, der muss seinen Kopf durchgepustet bekommen, damit er ein wenig von dem vergisst, was passiert ist.

Die Weinmesse in Carpentreux war die einzige Weinmesse, auf der mein Vater sich blicken ließ, wenn auch mehr als Kunde denn als Verkäufer. Diese Messe war ein ganz und gar ungewöhnliches Treffen von ungewöhnlichen Winzern, fernab aller vergleichbaren Veranstaltungen, es war weder Wein*messe* noch Wein*fest*, aber doch irgendwie beides zugleich. Große Weine wurden vorgestellt, für deren Transport man besondere Vorkehrungen zu treffen hatte, aber auch neue Weine der jeweiligen Weingüter, außerdem stammten die Weine nicht nur aus einem einzigen Anbaugebiet, sondern von überall her brachten Winzer ihre Erzeugnisse in das Städtchen. Wir fuhren mit unserem alten Opel, einer grünen, rostigen Kiste, nach Carpentreux, mein Vater hatte nur ein einziges Zimmer reserviert, und weil weder Christof noch ich große Lust hatten, neben dem massigen, kaum Platz lassenden Körper meines Vaters zu liegen, überließen wir ihm das Doppelbett ganz (es war sowieso nur ein französisches) und legten unsere Schlafsäcke auf den Boden.

Ganz Carpentreux war in dieser Woche auf den Beinen, alles stand im Zeichen des Weines, an jeder freien Stelle waren Zelte errichtet, und auf dem großen Marktplatz stand Holzhäuschen an Holzhäuschen, mit den Wappen und Namen der jeweiligen *Domaines*. Anfangs konnten wir nicht einfach so über den Marktplatz spazieren, sondern mussten uns gleichsam von der Woge der Menschen aufnehmen, tragen und vorwärts schieben lassen. Christof und ich hielten uns dicht hinter meinem Vater, sein wie ein Brecher wirkender Körper schuf Raum für uns zwei, und um uns her hörten wir die Rufe der Menschen, man lachte viel, Berührungen waren unvermeidlich, aber niemandem schien das etwas auszumachen, im Gegenteil, ab und zu sah ich, wie Menschen, die sich offensichtlich nicht kannten, kurz in eine Art gezwungene Umarmung fielen, weil der eine in die Richtung wollte, aus welcher der andere kam. Ich spürte eine Hand auf der Schulter, wenn sich jemand an uns vorbeidrängen wollte, und einmal eine Frauenbrust im Rücken, ich versuchte, dem weichen Druck zu entkommen und mich dichter an meinen Vater zu halten, doch als der nicht weiterkam, weil sich die Massen vor ihm stauten, schob sich die Frau wieder in meinen Rücken, sie schaffte es, sich seitlich vorbeizumogeln, lachte entschuldigend und sagte irgendetwas, das ich nicht verstand. Ich war froh, als wir uns zum nächsten Stand durchgekämpft und dort einen Platz am Tresen gefunden hatten.

Mein Vater gab uns genaue Anweisungen. Wir dürften jeden Wein probieren, sagte er, aber wir sollten den Wein wieder ausspucken, dadurch ginge uns zwar die Caudalie flöten, aber davon hätten wir erstens sowieso keine Ahnung und zweitens halte sich seine Lust in Grenzen, uns in der Nacht noch nach Hause tragen zu müssen. Wir folgten den Anweisungen meines Vaters, rochen am Wein, drehten das Glas, rochen nochmals, nahmen den Wein in den Mund, saugten ein wenig Luft dazu und spuckten den geschmeckten Wein in dafür vorgesehene Behälter oder aber, als es später dunkler wurde, einfach auf den Boden. Mein Vater pries jeden Wein. Das fiel mir schon damals auf. Er lobte immer etwas anderes. Bei manchen Weinen war es die Farbe, das alles aufsaugende, kräftige, dunkle Rot der großen Weine, das blühende Orangerot der mittleren, dieses Kirschrot der Weine, die sich nicht zum Lagern eigneten; bei anderen Weinen pries er das Bukett, ob Farn, Unterholz oder Terpentin; bei wieder anderen Weinen schließlich war es der Geschmack, gut gebaut, sagte er, kräftig, korpulent oder elegant. Und mein Vater kaufte. Er unterschrieb an jedem Stand Bestellscheine, kaufte, ohne sich zu fragen, wie teuer das Ganze werden würde, kaufte nicht etwa einige wenige Flaschen, kaufte gleich kistenweise.

Damals schmeckte ich nichts von dem, was mein Vater beschrieb, schmeckte gerade einmal den Unterschied zwischen zwei unmittelbar hintereinander getrunkenen

Weinen, hätte aber beim dritten nicht mehr beschreiben können, wie der erste geschmeckt hatte, da half auch das Wassertrinken und Brotessen nichts. Ich schmeckte aber auch deshalb so wenig, weil ich die ganze Zeit auf Christof sah. Den erkannte ich nicht wieder. Seit wir aus dem Auto gestiegen waren, lag ein Ausdruck in seinen Augen, den ich lange nicht gesehen hatte. Es war, als nähme er nach Monaten des Eingebunkertseins erstmals wieder andere Menschen wahr. Etwas war geschehen, und ich hatte nicht mitbekommen, wie oder wann es geschehen war. Ich sah nur plötzlich, dass so etwas wie Leben von ihm ausging, er schien ganz bei der Sache, ich las in seinem Gesicht eine hohe Konzentration, als wolle er bei jedem Wein neu versuchen, sich die Rebsorte und den Jahrgang zu merken. Auch meinem Vater blieb diese Wandlung nicht verborgen, und als er mit uns über die verschiedenen Weine redete, legte er all sein Wissen in die Waagschale, um Christof neugierig zu machen. Vielleicht, wird mein Vater gedacht haben, ist ja hier etwas gefunden, das ihn interessiert, das ihn begeistert, das ihn aus seiner Trauer lockt. Und tatsächlich begann Christof nach kurzer Zeit sogar Fragen zu stellen, und ich merkte mit einem Mal, wie lange er keine Fragen mehr gestellt und wie sehr das endlose Schweigen ihm den Mund ausgetrocknet hatte, jetzt aber, hier, in Carpentreux, mit jedem Schluck Wein, den er probierte, sprang die Kruste des Schweigens, die sich um seine Lippen gebildet hatte, ein wenig auf, legte sich eine neue Lust auf seine Zunge, Worte zu formen, zaghaft zunächst, aber deutlich erkennbar. Und es tat gut, ihn so zu sehen, es tat gut, mir vorzustellen, dass der Spuk nun vielleicht vorbei sei und Christof und ich wieder miteinander reden, vielleicht sogar lachen würden. Gern wäre ich neben ihm gestanden, um ihm zu sagen, wie sehr ich mich für ihn freute, gern hätte ich ihn in den Arm genommen, gern hätte ich ihn nach dem Grund für seine plötzliche Wandlung gefragt, aber da war der Körper meines Vaters zwischen uns, ich sah seinen Rücken, den fleischigen Hals, das viel zu weit aufgeknöpfte Hemd, das den Ansatz seiner Schultern frei ließ, und Christofs Augen hingen an seinen Lippen, saugten ihm jedes Wort vom Mund, kein einziges Mal wichen sie aus seinem Gesicht, zu mir.

Nach einer Weile begann ich, die Weine hinunterzuschlucken. Zunächst vorsichtig, nur die Hälfte, während ich die andere Hälfte noch wegspuckte, dann aber, als ich keine Wirkung spürte, etwas mutiger. Kurze Zeit später sah ich erste Schleier vor den Augen, gedämpfte Glasscheiben, die Musik und die Stimmen klangen fremd und wie beschlagen, ich musste mich immer öfter am Holztresen festhalten und begann, den Tresen plötzlich aus irgendeinem Grund genau zu untersuchen. Der Tresen, bemerkte ich, war roh gezimmert, sodass ich mir einen Splitter in den Finger jagte, als ich an ihm fummelte, und er war feucht, der Tresen, vom übergeschwappten Wein oder vom Wasser des Schwamms, mit dem er von

Zeit zu Zeit abgewischt wurde, und er roch nach Wein, atmete mir den Wein entgegen, klebte fürchterlich, war ein wenig rot gefärbt, es gab Kringel und Kreise von Gläsern und Flaschen, es gab Aschenbecher, aus denen kleine Fetzen geblasen wurden, wenn ein Windschub kam. Als ich den Tresen komplett untersucht hatte, merkte ich, dass ich meinem Vater schon eine ganze Weile nicht mehr zugehört hatte, und dachte, dass es vielleicht an der Zeit sei, mich zu Wort zu melden, und als sich bei einer kurzen Trinkpause eine Gelegenheit bot, stellte ich eine Frage, das heißt wollte eine Frage stellen, brachte aber nur zwei Silben heraus, merkte, wie meine Zunge nicht mehr imstande war, ein s zu formen, sodass ich über mein eigenes Lallen ins Lachen geriet. Ich wandte mich ab, nahm eine Hand vors Gesicht, beugte mich nach unten, versuchte mich zu beruhigen, drehte mich wieder den beiden zu und sah in meines Vaters Augen. Der schwieg. Der hatte aufgehört, mit Christof zu reden. Der blickte mich an, verzog den Mund, schaute auf die Uhr, sagte, es sei schon spät, gab dem Winzer hinterm Tresen die Hand, drehte sich um und stapfte davon. Ich schwankte, als ich mich vom Tresen losstieß, Christof fing mich auf, ich hing schwer in seinem Arm, und gemeinsam folgten wir, so gut es ging, meinem Vater. Dabei versuchte ich, ein Stück allein zu gehen, wollte mir keine Blöße geben, merkte aber, wie meine Beine mir nicht richtig gehorchten, und war froh, Christof neben mir zu wissen. Mein

Vater keuchte, als er die Hoteltreppe hinaufstieg, ging als erster ins Bad, während Christof und ich im Zimmer standen und auf unsere Schlafsäcke schauten. Ich putzte mir die Zähne, legte mich neben Christof auf den Boden und schlief ein. Wachte aber auf, mitten in der Nacht, erschrak regelrecht, und um mich her kreiste Schwärze und das Schnarchen meines Vaters, ich merkte, wie übel mir war, raffte mich vom Boden hoch, wankte ins Bad und spuckte alles, was in mir steckte, in die Kloschüssel. Ich konnte Reste von Crêpes erkennen und Schweinebraten und alles blutfarbig und weingleich. Ich stand auf, trat ans Waschbecken, sah in den Spiegel, hielt den Kopf unter den Wasserstrahl, atmete, versuchte mir den Gestank von der Zunge zu putzen, seifte den Mund mit Zahnpasta ein, schrubbte und gurgelte, doch ein hohler, kalter Nachgeschmack blieb, zog sich kratzend hinauf in den Nasenrachen.

Zurück im Zimmer, hörte ich die beiden schlafen. Sie hatten nichts gemerkt. Mein Vater lag auf dem Rücken, ein Berg unter der Decke, er rotzte Schnarchlaute in die Luft, wälzte sich manchmal, schlief unruhig. Christof atmete nur. Atmete gleichmäßig, lag auf der Seite, mit dem Rücken zu mir. Jetzt nahm ich deutlich wahr, wie das Zimmer kreiste, ich legte mich auf meinen Schlafsack, kroch nicht hinein, blieb auf ihm liegen, dachte, falls ich noch mal ins Bad muss. Dann drehte ich mich auf die Seite. Sah zu Christof hinüber. Es war nicht dunkel, da war nur ein Vorhang vorm Fenster, und durch den Vorhang drangen die Lichter der Straße. Vereinzelte Rufe von draußen, dann und wann Schritte, vorübergehendes Kichern. Mir war fahl und mau, ich konnte nicht schlafen und rückte näher zu Christof heran, sah über ihn hinweg, sah über seine Haare, seine Schultern, seinen Arm hinweg, ich konnte den Sessel erkennen, auf den Christof seine Klamotten geworfen hatte, die Hose, seine Socken, das T-Shirt, schwarz. Es ist unerträglich hell, dachte ich plötzlich, warum ist es so hell, das Zimmer, es ist Nacht, diese Helligkeit, warum? Und dann roch es im Zimmer, es roch frisch, und ich schnupperte eine Weile, das war ein besänftigender Geruch, den ich bis tief in den Magen hinabsog, meine Atemzüge wurden wieder länger, tiefer, verloren ihr knappes Hicksen, und ich wusste, dass es Christof war, der so roch, dass es *sein* Geruch war, den ich wahrnahm, und ich rückte noch näher zu ihm hin, so nah, dass ich ihn fast berührte, und ich dachte, hoffte, wünschte mir, dass der nächtliche Spuk nun vorüber sei, dass ich alles aus mir rausgespuckt hatte, was drinnen steckte, und inmitten des Geruchs, im Schließen der eigenen Augen, im Ausschalten der väterlichen Schnarchtöne, im Hineindösen in den Schlaf, da hob sich plötzlich mein rechter Arm, machte sich selbständig, der Arm, streckte sich hoch in die Luft, ich dachte noch, was macht er da, der Arm, als er schon niederglitt, auf Christofs Schlafsack, sanft zwar, nicht hart, doch als ich ihn berührte, fuhr Christof hoch, fuhr aus dem Schlaf, auch ich erschrak, war hellwach mit einem Schlag, nahm in wirrer Hast meinen Arm fort, grummelte etwas, tat so, als hätte der Schlaf mich zu ihm hinübergefläzt, drehte mich auf die andere Seite, gab ein kurzes schläfriges Schmatzen von mir, und Christof rückte etwas zur Seite, etwas von mir weg, klopfte mit der flachen Hand leise auf seinen Schlafsack, als wolle er eine Unebenheit flach streichen, ich aber lag mucksmäuschenstill und wartete, bis er wieder eingeschlafen war.

6 – CANTUS

Christof hat sein Jackett, schwarz, auf den Stuhl gehängt. Er sitzt dort im dunkelblauen Hemd, ein Bein über das andere geschlagen, die Schuhe ein wenig abgetreten. Ich frage, hast du Hunger? Er sagt, noch nicht. Ich sage, wir können uns später was kommen lassen. Er sagt, es ist gut. Er fragt, woher hast du den Wein? Ich sage, vom Vater. Christof erzählt ruhig, er beschreibt ausführlich, er schaut mich fast immer an, wenn er redet, sodass es nicht einfach ist, ihn zu beobachten, sein Gesicht ist weich, man sieht die Jahre kaum, glatt, kann man sagen, den Bartwuchs fortgestrichen, er blickt manchmal traurig, während er spricht, in den Pausen, die er macht, wenn er vom Wein getrunken und den Kelch auf den Tisch zurückgestellt hat, da ist sein Blick plötzlich abwesend, heftet sich an einen Gegenstand, rutscht aber ab, schaut durch den Gegenstand hindurch, verliert sich. Ich denke, ich säße jetzt gern neben ihm. Das Sofa ist groß genug, es bietet Platz für uns zwei, und wenn ich neben ihm säße, könnte ich mein Knie in seine Richtung schieben, könnte so tun, als wäre nichts. Wenn wir gleich in den Weinkeller gehen und zurückkommen, setze ich mich zu ihm.

Er sagt, ich habe nachgedacht. Ich frage, worüber? Er sagt, über den Tag an der Kelter. Ich lehne mich zurück. Er sagt, über das, was danach geschah. Sein Haar ist kurz geschnitten und liegt etwas abgeknickt am Kopf, als hätte er auf einer Raststätte angehalten und geschlafen, als hätte er sich die Haare im Auto schräg geschlafen. Seine Augen sind nach wie vor groß. Ja, sage ich, es wird kühler. Ich stehe auf und schließe die Tür zur Terrasse. Noch ein Glas? frage ich. Er nickt und beugt sich vor zum Tisch.

Er berührt kaum die rote Flüssigkeit mit den Lippen, hält das Glas zwischen Daumen und Zeigefinger und schaut, wenn er schluckt, kurz zur Decke. Ich warte. Er schweigt noch, und so stehe ich auf und trete an den Plattenspieler, drehe die Scheibe um, die schon seit einiger Zeit nicht mehr läuft, bleibe am Schrank stehen und höre kurz auf das leise Eiern des Plattentellers, in den Sekunden, ehe die Musik einsetzt.

7 – SECUNDA LECTIO

Mein Vater stand zeitig auf und weckte uns. Hinter der Stirn nagelte mir schwerer Schmerz, mein Kopf fühlte sich an, als sei er mit hartem, eckigem Kram gestopft. Wir packten die Sachen zusammen, luden sie ins Auto, und noch bevor der Rummel des neuen Tages in Carpentreux begann, befanden wir uns auf dem Rückweg. Die Fahrt verlief schweigend. Weil ich auf der Hinfahrt vorn gesessen hatte, saß ich diesmal hinten, was mir lieb war, denn so konnte ich den Kopf an die Seitenscheibe lehnen und meine Schläfe ein wenig kühlen. Es half nicht viel. Von Kilometer zu Kilometer wurde mir schlechter, ich musste tief einatmen, um dem Ansteigen des Magenspiegels zu entgehen, ich musste meine Aufmerksamkeit auf belanglose Dinge richten, um mich abzulenken, auf einen winzigen Käfer beispielsweise, der im hinteren Fußraum eine beträchtliche Strecke zurücklegte und dabei einige Hindernisse überwand, eine orangeweiße Fantadose, meine Schuhe, die ich ausgezogen hatte und den in der Mitte befindlichen kleinen Trennhügel. Der Käfer schaffte all dies bravourös, und als er nach einiger Zeit endlich an meinen Füßen angelangt war, hatte ich ihm einen Namen gegeben, hatte mit ihm gerungen und war mit ihm die schier unüberwindliche Strecke vorangekrochen. Umso überraschter war ich, als er plötzlich die Flügeldecke öffnete und hochschwirrte, ein kurzes Stück nur, hoch zu mir, ans Fenster, dort abglitt, bis er auf der schwarzen Gummileiste zu sitzen kam und sich an ihr entlangschob. Als ich sah, dass mein Vater sein Fenster einen Ritz breit öffnete, nahm ich den Käfer auf ein Stück Papier und schnippte ihn hinaus. Alle Ablenkung nutzte nichts, denn als wir zum Tanken und Vespern rasteten, stieg ich aus und dachte, ich könnte mir an der frischen Luft ein wenig die Füße vertreten, doch lag über der Tankstelle eine solch filzige Schicht von Öl und Abgasen, dass ich den Brechreiz nicht mehr unterdrücken konnte und zur Toilette lief. Es kam nicht mehr viel. Es war ein heiseres Würgen, ein Luftspucken, ein wenig Speichel, ein wenig Flüssiges, die Reste der halben Baguetteschnitte, die ich mir am Morgen zwischen die Zähne gedrückt hatte.

Und Christof? Dem ging es besser. Der begann sein Schweigen abzustreifen. Das ging zwar langsam, aber er war auf einem guten Weg.

Unmittelbar nach der Weinmesse in Carpentreux, als die Kisten mit dem bestellten Wein eintrafen, veranstaltete mein Vater eine Weinprobe, zu der er drei ausgewiesene Weinkenner einlud. Christof fragte ihn, ob wir mitmachen dürften, und mein Vater freute sich über Christofs nachhaltiges Interesse und sagte rasch ja, warum nicht, aber er tat dies mit nachsichtigem Lächeln, wie ich mir denken kann, denn er wird nicht wirklich damit gerechnet haben, dass wir in der Lage sein würden, auch nur einen einzigen Wein zu erschmecken. In meinem Fall bestätigte sich seine Ahnung, ich hatte nicht den blassesten Schimmer, ja, ich hatte bereits die meisten Namen der Weine, die wir in Carpentreux gekostet hatten, vergessen, von einer möglichen Zuordnung ganz zu schweigen. Ich hielt mich zurück, zumal sich niemand für mein linkisches Schnuppern, Schwenken und Schlürfen zu interessieren schien. Christof dagegen schlug sich ganz gut. Die ersten beiden Weine, die mein Vater uns hinstellte, erkannte er auf Anhieb. Man klatschte Beifall und klopfte ihm auf die Schulter. Geschmackserinnerung, sagte man, nicht schlecht, hieß es, und den Respekt, den er sich durch diese Anfangserfolge geschaffen hatte, wurde auch nicht getrübt, als er sich beim nächsten Wein vertat. Selbst in diesem Fehler sah man noch seine Grundfertigkeit schimmern, denn man wies sich gegenseitig darauf hin, wie nah der von Christof geschmeckte und der von ihm getrunkene Wein beieinander lägen, und als Christof beim vierten Wein eine völlige Fehleinschätzung von sich gab, sagte man, das kann passieren, hier, iss mal was Brot, justier den Geschmacksnerv, ein Rat, der in der Tat zu helfen schien, da Christof den fünften, letzten und, wie alle übereinstimmend feststellten, schwierigsten Wein wieder erriet, sodass die

Probe in derselben Euphorie über Christofs Fähigkeit endete, wie sie begonnen hatte.

Von Monat zu Monat verbrachte Christof nun immer mehr Zeit bei uns, er redete wieder, von Tag zu Tag ein wenig freier, entspannter, offener, stellte Fragen, ich traute mich wieder, einen Scherz zu machen und mit ihm über die Zukunft zu reden, ihn zu fragen, ob er immer noch Priester werden wolle, ja, sagte er, warum nicht? Weiterhin übernachtete er oft bei mir, aber anders als vor der Weinmesse wurde er gesprächig, sobald das Licht gelöscht war: Da begann er mich auszufragen, und zwar, anfangs traute ich meinen Ohren kaum, über all das, was zum Tod seines Vaters geführt hatte, angefangen von der Messfeier im Schuppen bis hin zum Gipspfannkuchen. Er forderte mich auf zu erzählen, was genau damals geschehen sei. Ich antwortete ihm, er sei doch dabei gewesen. Er sagte, ja, das sei richtig, aber er wolle es aus *meinem* Mund hören. Und während ich erzählte, unterbrach er mich, stellte mir Fragen, nach Einzelheiten, an die ich mich oft nur mühsam erinnern konnte, er fragte mich nach den Handschuhknochen und wie sie ausgesehen und sich angefühlt hatten und wer von uns beiden auf die Idee gekommen war, den Blumentopf als Weihrauchfass zu verwenden, er fragte mich, ob die Fahrradklingel hell oder scheppernd geklungen und wie der Wein geschmeckt und wie viel Oblaten ich gegessen und welches Lied wir zum Schluss gesungen und wann ich Lisa entdeckt hatte. Ich wusste nicht, was er damit bezweckte, aber da ich froh war, dass er überhaupt wieder redete, beantwortete ich all seine Fragen, so gut ich konnte. Mehr noch: Nach einigen Wochen dachte ich, jetzt, da er von sich aus über diese Zeit zu reden begonnen hat, ist vielleicht der Augenblick gekommen, ihn noch einmal nach seinem viermonatigen Schweigen zu fragen. Und eines Nachts, als die Lichter gelöscht waren, sich meine Augen langsam an die Dunkelheit gewöhnten und ich erkannte, dass Christof auf dem Rücken lag und still zur Decke blickte, zog mich plötzlich ein tiefer Sog mit sich, ein Wunsch, ihm nahe zu sein, näher zu sein, mehr über ihn zu wissen, als ich wusste, *alles* mit ihm zu teilen, was er durchlitten hatte, und da sagte ich in die Dunkelheit hinein:

Christof?

Ja? sagte er.

Und ich fragte ihn nach seinem Schweigen und nach dem Grund für seine Verschlossenheit, und als er nicht antwortete, fragte ich weiter, ich fragte, warum sie ein so abruptes Ende gefunden hatte, die Verschlossenheit, warum er, Christof, plötzlich, auf der Weinmesse in Carpentreux, wieder angefangen hatte *zu leben*, ja, ich sagte zu leben. Doch als ich ihn fragte, sah ich schon, dass ich keine Antwort bekommen würde, sah schon, im Halbdunkel, wie sich eine Hand aus der Bettdecke löste und zu seinem Gesicht schob, wie sich seine Augen schlossen, wie sich die Hand auf seine Stirn legte, und er sagte leise:

Paul?

Ja? sagte ich.

Nein, sagte Christof, er könne nicht darüber sprechen, nicht *darüber*, nicht jetzt. Wie du willst, sagte ich, und dann sagte ich, es ist gut. Er nahm die Hand von der Stirn und drehte den Kopf zu mir herüber und sah lange in meine Richtung. Den nächsten Tag über machte er wieder einen sehr versponnenen Eindruck, ich bekam Angst, er könnte einen Rückfall erleiden, und beschloss, ihn nicht mehr nach alldem zu fragen.

Auch tagsüber hockten wir oft genug zusammen, in diesem Jahr der Erholung, nach der Schule, in meinem Zimmer, und machten Hausaufgaben, und da Christof meist schneller fertig war als ich, stand er auf, ließ mich zurück am Schreibtisch, und ich trat ans Fenster und sah Christof über den Hof Richtung Weinberg spazieren, dorthin, wo er vermutete, dass sich mein Vater aufhielt, oder aber, wenn mein Vater auf dem Hof war, ging er gleich zu ihm hin, die beiden unterhielten sich kurz, Christof fragte wohl, was er, mein Vater, nun vorhabe, ob er, Christof, ihm helfen könne oder zuschauen, denn nach einer kurzen Verständigung gingen beide gemeinsam fort. Dann griff ich zu Christofs Heft und schrieb ab, was er geschrieben hatte, so rasch wie möglich, und folgte ihnen.

Mein Vater erklärte ihm den Rebschnitt und zeigte ihm den Unterschied zwischen den verschiedenen Arten des Tragholzes, zwischen Zapfen, Strecker und Tragruten, je nach Anzahl der Augen, die das Holz aufzuweisen hatte. Er lehrte ihn das Biegen und Binden und welche Regeln man zu befolgen hatte, um ein Ausbrechen der Tragruten zu verhindern, und dass man das Biegen am besten bei feuchtem, trübem Wetter vornimmt, um die Bruchgefahr zu mindern. Er zeigte ihm, wann es sinnvoll war, dünnen Draht zu verwenden, und wann Schnüre aus Hanf oder Sisal. Und wie man die Laubarbeiten zu verrichten hatte: das Wegbrechen von zu eng stehenden Austrieben, das Entfernen von Wasserschossern aus Stamm und Altholz.

All das hatte mein Vater auch mir schon einmal erklärt, und ich hatte geduldig zugehört. Christof aber war das nicht genug. Er wollte mehr wissen. Wollte alles wissen. Mit derselben Heftigkeit, mit der ihn die Trauer an sich gerissen hatte, schien er nun dem Wein verfallen. Er wollte gar die chemischen Prozesse der Gärung kennen lernen, nicht nur die alkoholische Gärung, sondern auch die malolaktische Gärung, die nicht immer stattfindet, über die sich der Winzer jedoch freut, da eine Armee von Bakterien Äpfelsäure in Milchsäure und Kohlendioxid spaltet, wodurch der Säuregehalt abnimmt und der Wein milder wird. Mein Vater sprach von der Kältebehandlung, um Ablagerungen von Weinstein zu verhindern, er sprach von der Schönung der Rotweine durch Hühnereiweiß oder Gelatine, von der Reifung durch Entfernung der Kohlensäure und maßvolle Zufuhr von Sauerstoff, er sprach von der Lagerung in Eichenfässern, die, wenn sie neu sind, dem Wein ein Vanillearoma geben, und er fügte hinzu, dass es nicht einfach sei, solche Holzfässer herzustellen: Für die berühmten Allier-Eichenfässer beispielsweise müsse das Holz gespalten werden und drei Jahre in der Luft trocknen.

So ertrank der Winter und das Frühjahr im Wein. Alles, was auch nur ansatzweise zur Wissenschaft des Weins gehörte, wurde erklärt, beschrieben, wenn möglich vor Ort gezeigt. Im Frühjahr konnte ich schon nichts mehr über Wein hören, Wein hier, Wein dort, überall Wein, als gäbe es nichts anderes auf der Welt, und ganz so, als hätte ich mich übertrunken, verlor ich den Geschmack am Wein.

Obwohl ich noch nie ernsthaft mit meinem Vater über meine Zukunft gesprochen hatte, wusste ich doch, dass unser Weingut von einer Generation an die nächste weitergegeben worden war, und nahm an, dass mein Vater diesen Weg auch für mich vorgesehen hatte, dass er also in mir, dem einzigen Kind, seinen Nachfolger sah. Dann also, sagte ich mir, wird es Zeit, meinem Vater mitzuteilen, dass er nicht damit rechnen kann, den wie einen Staffelstab übernommenen Weinberg nahtlos an mich weiterzureichen, es wird Zeit, ihm zu sagen, dass ich mir anderes vorstelle. Und so ging ich im Sommer zu meinem Vater ins Büro, setzte mich und sagte, Vater, ich möchte kein Winzer werden. Ich sagte das einfach so, leichthin, als hätte ich übers Wetter gesprochen oder bei Tisch nach dem Salzstreuer gefragt. Vater, ich möchte kein Winzer werden, sagte ich, und als ich das sagte, überschwemmte mich ein grandioses Triumphgefühl. Es war, als durchzuckte mich plötzlich so etwas wie die Einsicht in den wahren Grund, weswegen ich hier saß und ihm das sagte. Es war, als hätte ich nach einer erlittenen Verletzung nun selber ausgeteilt. Zugestochen. Mitten hinein in seinen Wanst. Das war purer Trotz. Das war Rache. Da zahlte ich ihm etwas heim, von dem ich damals noch nicht wusste, was es war. Lehnte mich zurück und sah ihn an, sah in sein Schweigen, seine Überraschung. Und dann in sein Nicken. Natürlich. Ich hätte ihn besser kennen müssen. Ich hätte wissen müssen, dass auf meinen lapidaren Satz kein Missmut, kein Überredungsversuch, kein Wutanfall folgen würde. Im Gegenteil. Mein Vater streifte Asche von einer Zigarre und nickte. Er wolle mir ein Geheimnis verraten, sagte er. Ich atmete kaum, als er leiser zu sprechen begann und sich ein wenig vorlehnte, die Unterarme auf dem Tisch. Er selbst, sagte mein Vater, habe auch nicht Winzer werden wollen, damals. Er habe sich für andere Dinge interessiert, habe heimlich in der alten Schlossbibliothek juristische Handbücher und Gesetzestexte gelesen. Mein Großvater, sein Vater, habe ihm jedoch eines Tages eröffnet, dass er, mein Großvater, sich nun aus dem Geschäft zurückziehen und den Weinberg, wie es vorherbestimmt sei, ihm, seinem Sohn, übergeben wolle. Eine Möglichkeit, sich dagegen zu wehren, habe mein Vater damals nicht gesehen. Es ist so, wie es ist und wie es immer schon war, habe er gedacht, es sei ihm keine Wahl geblieben, und er habe den Weinberg übernommen. Mein Vater machte eine Pause, rauchte und dachte nach.

Nun sei sein Leben, fuhr er plötzlich fort, dadurch keineswegs unglücklich verlaufen. Nein, er habe sich mit dem Weinbau aufs Beste arrangiert. Aber, sagte mein Vater, es hätte auch anders kommen können. Und deshalb, sagte er, habe er sich eine Sache vorgenommen, ja, geschworen. Niemals, habe er sich geschworen, wolle er seinen eigenen Sohn hinsichtlich des Weinbergs in die Pflicht nehmen oder auch nur ein Mindestmaß an Zwang ausüben. Und wenn ich, sein Sohn, ihm nun sage, ich wolle kein Winzer werden, so erkenne er dies an, ein wenig traurig vielleicht, das gebe er gern zu, diese Traurigkeit nehme er aber gleich wieder zurück, um auch nur den Anflug eines schlechten Gewissens meinerseits zu verhindern, nein, wenn er es recht bedenke, sei er auch gar nicht traurig, er sei in gewisser Weise sogar froh, dass ich den Mut gefunden hätte, frei auszusprechen, was mir auf dem Herzen liege. Ich hätte ihm gesagt, ich wolle kein Winzer werden, und er sage mir nun, das müsse ich auch nicht. Ich könne tun und lassen mit meinem Leben, was ich wolle.

Da saß ich nun, mein Triumphgefühl zertrümmert. Ich hätte es wissen müssen. Ich kannte ihn ja, seine

Großmut, seine Gelassenheit. Und ich war wütend darauf, dass ich nicht wütend sein konnte. Auf ihn. Auf meinen Vater. Dass ihn nichts aus der Ruhe brachte. Dass er mich tun ließ, was ich tun wollte. Dass er mir keine Grenzen setzte, die ich hätte bekämpfen können. Dass er mir nichts bot, gegen das ich mich hätte auflehnen können. Dass meine versuchte Revolution wirkungslos verpufft war.

Und dann gab er mir den Rest, indem er sagte, dass er mir sogar, wenn er in Ruhe darüber nachdenke, Recht gebe. Auch er sehe mich nicht als Winzer. Er habe dies im letzten halben Jahr gemerkt. Als er Christof beobachtet habe. Dessen Interesse. Dessen Begeisterung. Dessen aus dem Nichts erwachte Liebe zum Wein. Und im Vergleich dazu meine doch etwas gleichgültige Art dem Wein gegenüber. Da soll doch lieber Christof Winzer werden, schloss er, und nicht du.

Als Christof im Sommer zu mir kam und sagte, mein Vater hätte uns erlaubt, in diesem Jahr bei der Weinlese zu helfen – vorausgesetzt, der Lesetermin falle in die Ferien, und die Chancen dafür stünden, glaubte man den Vorhersagen, nicht schlecht –, hatte ich, nach allem, was geschehen war, überhaupt keine Lust dazu, doch weil Christof meinem Vater schon zugesagt hatte, weil ich sah, wie ungebrochen seine Weinbegeisterung war, und weil ich ihn nicht allein lassen wollte, sagte ich ihm, ich sei einverstanden.

Vor der Lese kam noch der August, wo nichts mehr zu tun war, wo man auf Feste ging und feierte und den alten Wein an den Mann brachte, um die Keller leer zu bekommen, der faule Monat, sagte man bei uns, alle Arbeit ist getan, und man kann sich gleichsam im Liegestuhl an den Hang setzen und den Trauben beim Wachsen und Reifen und Saftansammeln zusehen. Ende August wurden dann die Weinberge geschlossen, damit keine Traubendiebe die vollen, reifen Beeren klauten und sich mit dem künftigen Wein die Mägen vollschlügen. Wir versuchten, so gut es ging, der Stare Herr zu werden, die in diesem Jahr in schwarzen Wolken übers Land zogen, und wir stellten einen Aufseher zusätzlich ein, der die Abwehrmaßnahmen organisierte und überwachte. Und dann begann das Schielen auf das Wetter, die Ungeduld, das tägliche Prüfen der Trauben, mehrfach manchmal, das Gewicht des Mostes, der Blick auf das Refraktometer, das Hoffen auf einen Prädikatswein.

Für uns war die Lese damals Knochenarbeit, ein Klauben und Schneiden, ein von Dreck und Staub gepflastertes Knien, Bücken und Rutschen, ein insgesamt zentnerschweres Schleppen, und was mir am meisten missfiel, war die Schnelligkeit, mit der die abgepflückten Trauben verarbeitet werden mussten, denn mein Vater war überzeugter Anhänger der alten Winzerregel, dass ein Wein mit einer Macke diese in der ersten Stunde bekommen hat, und so drängte er uns, das Lesegut so schnell wie möglich umzufüllen, vom Eimer in die Bütt, von dort in den Maischewagen und schließlich in die Kelter.

Mein Vater war stolz auf seine historische Kelter, wie er sie nannte, ein einzigartiges Gerät, von dem er sich damals noch nicht hatte trennen können. Die Kelter war nur zu zweit zu bedienen. Aus dem riesigen Bottich, in den man die Trauben füllte, ragte ein Rundholzbalken senkrecht nach oben. In diesem Balken war ein Loch, durch das man einen zweiten, schweren, längeren Balken zu stecken hatte. Wenn man nun diesen zweiten Balken nach vorn schob und wieder zurück, setzte man die Kelter in Bewegung und ließ die platte, runde Presse nach unten wandern, sodass die im Bottich befindlichen Trauben zermanscht wurden. Dazu bedurfte es zweier Männer, die sich mit Kraft vor den Balken lehnten und ihn fünf, sechs Schritte nach vorn und wieder zurück hebelten. Doch obwohl Christof und ich zu dieser Zeit noch in die Höhe schießende, schiefe Hänflinge waren, fühlten wir uns der Aufgabe gewachsen, fühlten uns stark, wollten hinter nichts und niemandem zurückstecken, und so kam es, dass wir zu Beginn der zweiten Woche vor der Kelter standen. Und das am Abend. Den ganzen Tag hatten wir bereits mit dem Abklauben der Trauben verbracht, ein ungemütlicher, reichlich kalter, mit Wolken bedeckter Tag, die Riemen der Körbe schnitten in unsere Schultern, das Kreuz schmerzte, die Haut an den Händen war trotz Schutzmittel nur noch eine rissige, stumpfe Schicht mit Dreck in den Nähten, in den Oberschenkeln brannten die Muskeln, die Kniegelenke knackten beim Bücken, und obwohl wir gelernt hatten, nicht zu hastig die Tagkraft zu verschleudern, zeigte sich früher als bei den anderen Arbeitern Erschöpfung. Ich war von Tag zu Tag mehr in eine Art Trancezustand verfallen, der mich nicht etwa langsamer, wohl aber gleichmäßiger arbeiten ließ, ruhiger, mit freierem Kopf. An jenem Tag wurde ich plötzlich aus dieser Versponnenheit gerissen, als ich ein Piksen am Handrücken verspürte, die Hand hob, nichts bemerkte außer einem winzigen Tropfen Blut, den ich wegwischte, ehe ich weiterarbeitete. Hätte ich gewusst, dass meine Hand sich in der Nacht mächtig aufblähen und man am nächsten Tag einen Bienen- oder Wespenstich feststellen würde, so hätte ich die Lese abgebrochen und auch das Keltern nicht mitgemacht. Aber ich schenkte dem Tropfen Blut und dem Stich keine Bedeutung, pflückte und schnitt weiter, mit dem Gift der Biene im Arm, das sich mir ins Blut pumpte und meinen Körper anzugreifen begann.

Als mein Vater uns am Abend vor die Kelter stellte und noch einmal erklärte, was zu tun war, sagte Christof ihm, wir würden das schon schaffen, und ich dachte, komm, noch zwei Stunden, danach kannst du dich unter die Dusche stellen und die Augen schließen. Nachdem mein Vater uns allein gelassen hatte, spuckten wir in die Hände, stellten uns Seite an Seite vor das Holz und schoben, sahen uns an, als wir merkten, wie schwer sich das Ding bewegen ließ. Beim zweiten, kraftvolleren Stoß schafften wir es, den Balken nach vorn zu schieben. Das bedeutete eine Viertelumdrehung der Kelterplatte. Und zurück. Und wieder vor. Nach einer Stunde waren wir nass geschwitzt. Wir lehnten uns mit der Stirn gegen das Querholz, das sich auf Höhe unserer Hälse befand, schöpften Atem, wussten: Wir waren noch nicht weit gekommen. Ich selbst schlackerte vor Anstrengung. Mein Gesicht war ein einziges Rinnen von Wasser, als würde alles ausgewrungen, was in mir steckte. Das Wasser lief mir in die Augen und trübte den Blick. Mein Atem flatterte. Im dunklen Kellerraum roch man das alte Holz und die mit schwarzem Stein gemauerten Wände. Da zog ich mir plötzlich das T-Shirt aus, es war nass und klebte auf der Haut, ich hatte Mühe, es über den Kopf zu ziehen, ich klatschte es in eine Ecke und rief, komm Christof, jetzt erst recht, wir lassen uns nicht unterkriegen, wir schaffen das. Christof ließ sich anstecken, auch er warf sein T-Shirt fort, und auf diese Weise von der nassen Kleidung befreit, mit neuer Luft am Leib, hängten wir uns wieder vor das Holz, spannten uns wie die Ochsen davor, legten die Reste der Kräfte in unser Pressen hinein, schoben das Holz vor und wieder zurück, vor und wieder zurück, bissen auf die Zähne, und irgendwann gab ich einen leisen Schreilaut von mir, um mir Luft zu machen, merkte, wie mich dies beflügelte, und ich begann die Arbeit mit anfeuernden Rufen zu begleiten. Das peitschte uns hoch, das spornte uns an, und noch mal, schrie ich, und eins und zwei und komm und lass dich nicht hängen, noch ein paar Mal, ja, gut so, und zurück, schrie ich, stell dich nicht an, das werden wir schaffen, komm jetzt. Unsere Körper standen Schulter an Schulter, und plötzlich merkte ich, dass wir uns berührten, dass wir uns die ganze Zeit über gestützt hatten, dass der nasse Oberarm meines Freundes an meinem nassen Oberarm lag. Ich drehte mich zu ihm, verstummte, betrachtete ihn, betrachtete seinen fast platzenden Hals, mit blau geschwollenen Adern, seine verbissenen Zähne, die offenen Lippen, den herunterlaufenden Schweiß, und da blieb ich plötzlich stehen. Christof drehte sich um und fragte, was ist los? Ich sagte, ich kann nicht mehr, und fiel ihm in den Arm. Ich hielt ihn fest, hielt ihn umschlungen, fasste in seinen Rücken, wusste nicht, was ich tat, wusste nur, dass ich da etwas tat, von dem ich nicht wusste, was es war, fühlte ein Bauchplatzen in mir, eine Weite, eine Enge. Ich hörte ihn atmen. Und dann sah ich hoch, nach vorn, sah aus den verschlammten Augen durch den Raum, sah hin zur Tür. Sah meinen Vater dort stehen, im Rahmen der Tür, halb verdeckt. Zeigte ihm nicht, dass ich ihn sah. Beachtete ihn nicht. Nahm mein Ohr von Christofs Ohr. Stand ihm dicht am Gesicht. So dicht als möglich. Da zog ich ihn zu mir und presste meine Lippen auf seine. Mein Vater trat aus dem Schatten. Christof hörte ihn, riss mir den Mund weg, köpfte die Lippen, warf den Kopf nach hinten, sah meinen Vater. Schob mich von sich. Ließ mich stehen. Stand ich nicht lange, kippte ich um, fiel zu Boden, fiel hin, drehte sich alles, fiel zurück vor das Holz und rutschte ab an ihm. Wäre gern liegen geblieben, eingeschlafen, an dem Platz vor der Kelter, wäre gern zurückgefallen hinter Bienengift, Schlappheit, Kellergerüchen, stand aber auf, weiß nicht, woher ich das nahm, stand da noch auf, wankte zwar, ging aber an Christof vorbei auf den Vater zu, der nicht sprechen konnte, ging vorbei an ihm, ließ ihn stehen, sah ihm im Vorbeigehen ins Gesicht, sah ihm lange ins Gesicht, verließ den Kelterraum, trat hinaus, ins Freie, ging zum Haus, stieg die Treppen hoch, in mein Zimmer, schloss die Tür hinter mir ab, zog mich aus, bis ich nackt war, nahm das Laken und hüllte mich hinein.

8 – HALLELUJA

Ina wird schwarze Haare haben, nicht gefärbt, etwas länger als schulterlang, vielleicht Locken. Kontaktlinsen? Nein, ihre Augen sind gut, denke ich. Einssiebzig? Wahrscheinlich enge Hosen, bunt. Was ich nicht weiß: Wie ihre Stimme klingt, ob ihre Augen grün sind, ob man Narben sieht auf den Wangen, die von Akne herrühren, die ihr als Kind zu schaffen machte. Was ich weiß: Nach dem Abitur beginnt sie ein Sportstudium, Bewegung ist ihr das Wichtigste. Was ich mir ausmale: Nichts hasst sie mehr, als wenn sie einen Tag lang nicht dazu gekommen ist, zu laufen, zu schwimmen, Rad zu fahren, nichts ist ihr mehr zuwider als dieses Kribbeln in den Beinen, das aus Bewegungslosigkeit entsteht, dann muss sie sich auf den Boden legen und eine halbe Stunde lang turnen, um überhaupt einschlafen zu können.

Und ihre Begeisterung fürs Klettern? Ich sehe: Ina, gerade 13, und ihre Schwester, Corinne, bei den Sandsteinfelsen in Fontainebleau. Die ersten Schritte auf den glatten, geneigten Felsplatten, die Füße, sagt Corinne, du musst mit den Füßen klettern. Ina, die beginnt, ihren Körper kennen zu lernen, den Gleichgewichtssinn, die Verlagerung des Körperschwerpunkts von einem Bein auf das andere. Den ganzen Tag verbringen sie in den Blöcken. Ina tun die Füße weh, weil die Schuhe sehr eng sind. Sie schaut Corinne zu, die sich von Punkt zu Punkt bewegt, geschmeidig zum Zug ansetzt, sich hält und schwierige Stellen meistert. Vierzehn Tage, in denen es nur den Geruch des Harzes gibt, die klebrigen, aufgerissenen Finger, den Atem, den sie ausstößt, wenn sie sich anstrengt, die gespannten Muskeln, ihre Haut, auf die sie schaut, wenn sie sich ausruht, die Blöcke, die ihr immer neue Dinge verraten, Corinne, bei der alles so leicht scheint.

Zurück in Deutschland: Kletterbalken, Kletterwand, Felsen, die ersten Touren mit Seil. Sie lernt, sich mit den Schuhspitzen in Löcher zu schieben, sie lernt das Riss- und Reibungsklettern, sie lernt, nicht nur den nächsten, auch den übernächsten Zug vorauszuberechnen und einzuschätzen, wo in wenigen Momenten ihre Füße stehen werden, sie lernt, wann sie welchen Finger nehmen muss, sie lernt alles über Zwischensicherungen, Karabiner, Klemmkeile und das Doppelseil. Sie nimmt Abschied vom Harz aus Fontainebleau und gewöhnt sich an den Magnesiabeutel. Sie versteht endlich, im Fels, warum die Schuhe so eng sein müssen. Sie lernt das Übergreifen und Klemmen, das Blockieren und den *rêve d'un papillon*, schaut sich fünfzehn Mal den Film *La vie au bout des doigts* an und verliebt sich als Sechzehnjährige Hals über Kopf in den Leinwandkletterer Patrik Edlinger.

Es ist das *On-Sight-Klettern*, das ihr den größten Spaß macht, das Klettern entlang einer Route, die sie nicht kennt. Ohne jedes Wissen über die Strecke geht sie in den Fels, zwar gesichert, aber es gilt um jeden Preis, den Sturz zu verhindern, denn wenn man stürzt, muss man neu beginnen, und wenn man neu beginnt, kennt man ja den Anfang der Strecke, und der Reiz ist vorbei. Ina liebt diese Ungewissheit. Nicht wissen, was hinter dem nächsten Haltepunkt kommt, die Route nicht kennen, sich ab und an nach hinten lehnen, um den Fels zu lesen. Und immer wieder in sich hineinhorchen, um zu wissen, wie viel Kraft noch da ist, die Kräfte sparen, haushalten, sich ausruhen, und wenn man gut in der Wand steht, abwechselnd die Arme ausschütteln, aber nicht zu lange.

Englisch ist neben Sport ihr zweites Fach, doch sie geht das Englischstudium emotionslos an, ohne letzte Begeisterung. Sprachtest, sprachpraktische Übungen, Scheine, Hausarbeiten, all das spult sie mehr oder minder gelassen herunter. Und sie muss sich nicht wirklich anstrengen, weil sie für ihre Hausarbeiten immer die griffigen, gut lernbaren Themen wählt, Themen, zu denen es bereits eine Fülle an Sekundärwerken gibt, die einen wie ein Kind an die Hand nehmen.

Das ändert sich eines Tages. Ungefähr zwei Jahre nämlich, bevor ein schauspielernder Taxifahrer bei einer Fahrt über eisglatte Straßen einem in aller Leere sein Amt ausübenden Priester die erste Strophe des Liedes

Es ist ein Ros entsprungen vorsingt, der Priester aber unvorhergesehenermaßen den Faden des begonnenen Liedes aufnimmt und den Gesang mit einem Vortrag der zweiten und dritten Strophe fortsetzt und den Taxifahrer damit zu einer von einem Seitenblick begleiteten Bemerkung über die geruchlichen Bedingungen von Krippengeburten zwingt, was dazu führt, dass der Taxifahrer bei der Anfahrt auf eine rote Ampel zu spät bremst und in die ahnungslos von der Universitätsbibliothek nach Hause gehende Ina Wielke hineinfährt, ungefähr zwei Jahre vor diesem Zusammentreffen also schlägt dieselbe Ina beim routinemäßigen Erstellen einer Hausarbeit im Rahmen ihres auf Sparflamme köchelnden Englischstudiums ein Buch auf, das sich durch eine einzige Besonderheit elementar von allen anderen bislang für Hausarbeiten aufgeschlagenen Büchern unterscheidet: Ina versteht kein einziges Wort von dem, was sie da liest. Ihr Widerwille ist groß, sie wirft das Buch in die Ecke und hängt sich an den Kletterbalken. Als sie aber dort hängt, wird sie plötzlich gepackt von einem wilden Ehrgeiz, den sie bislang nur vom Klettern her kennt. Der unbedingte Wille, die Route zu schaffen, ohne sich am Seil auszuruhen, dieser Push, der sie mitten im Fels nach vorn schiebt, ihr die Kraft gibt weiterzuklettern. Und jetzt liegt da dieses Buch, und der Zugang ist ihr verbaut, und das ärgert sie, und sie lässt vom Balken ab, trocknet sich den Schweiß vom Gesicht, schnappt sich das Buch, legt sich aufs Sofa und fährt fort zu lesen. Sagt sich, das wär doch gelacht, wenn ich nicht verstehe, was da drin steht, merkt aber schnell, dass sie so, im Liegen, nicht weiterkommt, öffnet das Fenster, atmet tief durch, setzt sich an den Schreibtisch und liest weiter.

Sie liest die ganze Nacht. Zunächst Unverständnis, Zorn, Abscheu, Widerwille. Dann erste Schnipsel des Verstehens, die aufleuchten, sie beginnt sich Notizen zu machen, kämpft sich durchs Buch und sagt sich zuerst noch, ich höre nicht auf, bis ich das Buch ausgelesen habe, merkt aber rasch, dass es so nicht geht, dass sie alles mehrmals lesen muss. Aber sie bleibt hart und sagt sich, wenn es beim Klettern klappt, muss es auch hier klappen. Sie hangelt sich von Satz zu Satz, macht Pausen, in denen sie einfach nur nachdenkt, ausruht vom zurückgelegten Weg, und schon längst ist ihr klar, dass sie erstmals beim Denken an ähnliche Grenzen stößt wie beim Klettern, und genau das will sie plötzlich, ihr Gehirn scheint ihr mit einem Mal ein großer, grauer Muskel, und sie sieht, dass dieser Muskel bislang schlaff und untrainiert und unausgelastet in ihrem Schädel eingesperrt gewesen war, und stemmt einen Satz nach dem anderen, immer schwerer, immer schneller. Und je mehr sie liest, je mehr sie versteht, umso mehr legt sich ihre Abneigung. Bis sie schließlich, früh am Morgen, mit dickem Kopf, mit eiskalter Luft im Zimmer, den Gedanken eingefangen hat, der das Zentrum des Buches ausmacht. Ein radikaler Gedanke ist das. Ein Gedanke, der sie fortan nicht mehr loslässt. Sie legt das Buch auf den Tisch, hält die Luft an und beschließt, dass sie weiterlesen wird, nicht nur dieses eine Buch, nein, auch alle Bücher, auf die das Buch verweist, sie will mit all ihren Fasern durchdringen, was dort gesagt wird, sie will, dass aus dem Ahnen, das sie ergriffen hat, ein Verstehen wird. Denn, denkt sie, wenn das Ahnen mich schon so sehr trifft, wenn das Stochern im Nebel schon von solcher Wirkung ist, wie muss dann erst das Verstehen, die restlose Klarheit sein?

Jetzt aber sind seit dieser Nacht zwei Jahre vergangen, und ein Arzt tritt zu ihr ins Krankenzimmer, es ist der Morgen nach dem Unfall, die Betten sind frisch bezogen, Ina hat bereits gefrühstückt, Schwester Mathilde hat drei Tabletten zurechtgelegt, und der Arzt ist gekommen, um ihr die Diagnose zu unterbreiten. Die Gehirnerschütterung, denkt Ina, geht vorbei, die Rippenprellung interessiert sie nicht, aber die Bänderdehnung im Knöchel und der gezerrte Finger bedeuten: Trainingspause. Und das gerade jetzt, wo sie so hart und pausenlos trainiert, denn im April will sie mit ihrer Schwester zum *Ende der Welt* nach Buoux, um sich an einfachen Routen im Solo zu üben.

Da öffnet sich die Tür und ein Mann kommt herein, einen Blumenstrauß in der Hand, und Ina denkt zunächst, der will zu ihrer Zimmernachbarin, und sagt ihm, die mache gerade einen Spaziergang, aber nein, sagt der Mann, er wolle zu *ihr*. Es ist der Taxifahrer von gestern, und Ina ist noch viel zu erschöpft, als dass ein Gefühl wie Wut sie hätte übermannen können. Sie fühlt sich wie nach einer durchzechten Nacht, Kopfbrummen, Gliederschmerzen, trockener Mund. Und jetzt steht da der Kerl mit den Blumen und stellt sich vor und spricht von Schuld und von seiner viel zu späten Reaktion und von ihrer, Inas, Geschicklichkeit, die sie vor schwereren Verletzungen bewahrt hat, dieser Sprung, sagt er, so einfach hochzuspringen, auf die Motorhaube zu springen, statt sich überrollen zu lassen, toll, sagt er, toll wiederholt Ina sein letztes Wort in anderem Tonfall, *toll* sagt sie augenrollend, doch damit ist ihre Wut bereits erschöpft.

Um das Schweigen zu brechen, nimmt Ina die Blumen an und fordert Kai auf, eine Vase aus dem Schrank zu holen. Kai füllt Wasser in die Vase und stellt sie auf den Tisch. Ina beobachtet ihn, sieht zu, wie er die Blumenbinde öffnet und die Stiele in der Vase leicht auseinander zupft. Eigentlich will sie allein sein, sich ausruhen, im Kalender blättern, rechnen und überlegen, wie ihre Tour noch zu retten ist, doch Kai macht keinerlei Anstalten zu gehen, im Gegenteil, er nimmt sich, nachdem er die Vase auf den Tisch gestellt hat, einen Stuhl und setzt sich zu Ina ans Bett. Die aber ist alles andere als in der Stimmung, ein Gespräch zu beginnen, greift nach Zettel und Stift, schreibt etwas auf, reicht Kai den Zettel und fragt ihn, ob er ihr das hier besorgen könne. Kai liest sich durch, was auf dem Zettel steht, nickt, steht auf, dreht sich aber im Türrahmen noch einmal um.

Als er wiederkommt, am Abend, schläft Ina oder stellt sich schlafend, vielleicht will sie, dass Kai die Sachen auf den Tisch legt und verschwindet, aber Kai tut das nicht, Kai wirft einen Blick durch den Türspalt, sieht, dass Ina im Bett liegt und zu schlafen scheint, es ist spät, Kai schließt die Tür, geht Richtung Schwesternzimmer, er könnte die Sachen dort abgeben, gewiss, aber er hat, denke ich, länger an der Tür gestanden als nötig gewesen wäre, um zu erkennen, dass Ina schläft, er hat dagestanden und sie angeschaut, und jetzt geht er am Schwesternzimmer vorbei, die Sachen im Arm, dann bring ich sie ihr morgen, sagt er zu sich selbst und weiß noch nicht, dass der wahre Grund, weshalb er wiederkommen will, ein anderer ist.

Am nächsten Tag bringt Kai nicht nur die Sachen, um die Ina ihn gebeten hat, sondern auch andere, von denen er denkt, dass sie ihr nützlich sein könnten. Er kommt, kurz nachdem Ina mit dem Arzt gesprochen und erfahren hat, dass sie früher als gedacht das Training wieder aufnehmen kann. Der Schlaf der Nacht und die Nachricht haben Ina gut getan, und dann sind da die Dinge, die Kai ihr bringt, und außerdem das völlige Fehlen der Wut, als Kai in ihr Zimmer tritt. Das kann sie sich nicht erklären, sie hätte eigentlich die Sachen annehmen und den Kerl wieder rausschicken müssen, aber nein, sie lädt ihn sogar ein, sich zu setzen, sagt ihm, er solle den

Stuhl an ihr Bett schieben, fängt an zu reden, und es dauert nicht mehr lange, bis ihre Münder zum ersten Mal so etwas wie ein Lächeln fabrizieren und die beiden beginnen, ihre Leben voreinander auszubreiten wie Kinder, die Decken ins Gras legen und sich ihre Spielsachen zeigen. Nach und nach geschieht das, tastend, langsam, Kai hat seine Kollegen für Vertretungsschichten mobilisiert, man hat Zeit.

Kai wird vor allem von den Taxifahrten gesprochen haben, all die Geschichten, die er auf seinen Fahrten erfunden und von sich gegeben hat, all die verdutzten Gesichter der Mitreisenden, ihr verlegenes Husten, ihre Blicke aus dem Seitenfenster, als fixierten sie dort etwas ungeheuer Wichtiges. Ina wird vom Klettern geredet haben, von ihren Trips nach Buoux, nach Mouriès, sie wird Kai Taktik und Technik erklärt haben und dass der Sinn des Kletterns nicht darin bestehe, den Gipfel zu erreichen, sondern darin, den schwierigsten Weg die Wand hinauf zu finden.

Und so vergehen die Stunden, in denen sich die beiden näher kommen, in denen die Sprache zwischen ihnen ein Netz webt, in das sie sich verfangen, und ich sehe sie dort im Krankenhaus sitzen, erzählen, lachen, und irgendwann wissen beide, warum sie dort sitzen und reden, haben beide verstanden, was geschieht, und was wäre nun schöner, käme es jetzt zu dieser berühmten ersten Berührung von Händen, die in aller Flüchtigkeit einander streifen und nicht weggezogen werden?

Diese als Versehen getarnte Absicht, die nur allzu rasch ihre Maske abwirft? Natürlich, ich könnte es so inszenieren, ich könnte so tun, als sähe ich Krümel auf dem weißen Bettzeug neben Inas Schoß, Krümel von soeben gegessenen Keksen, das Bett neben ihr ist leer, ihre Nachbarin macht einen Spaziergang durch die langen, nach Gebrechen riechenden Gänge des Krankenhauses. Kai, könnte ich sagen, um die Situation in eine bestimmte Stimmung zu rücken, zieht die Gardinen vom Fenster und schaut hinaus, draußen gewiss kühles Wetter, Wolken von sattem Grau. Doch in dem Augenblick, da Kai sich zu Ina aufs Bett setzt, weil Ina die Krümel fortstreicht und so den Platz zu ihrer Rechten glättet und froh darüber ist, dass Kai ihre Bewegung als Einladung verstanden hat, sich neben sie zu setzen, in dem Augenblick also, da die Hände der beiden noch ein wenig verloren nebeneinander liegen und sich ihr Abstand erst langsam zu verringern beginnt, in dem Augenblick, da beide denken, das Klopfen in ihrer Brust müsse bis ins Schwesternzimmer zu hören sein, in diesem Augenblick muss ich zugeben, dass es so nicht gewesen sein kann, nicht zwischen Kai und Ina, nicht zwischen den beiden, von denen Christof mir erzählt, nein, und ich greife ein und lasse die Tür zum Krankenzimmer sich öffnen und Mathilde erscheinen, eine jähe, hoch gewachsene Gestalt, nicht klapprig, aber formlos, steil, aufrecht, in weißen Sandalen, sie kommt herein und schiebt ein Tablett mit Essen zwischen Kai und Ina und zerstört die Vorstellung von zwei Händen, die sich berühren, endgültig.

Stattdessen sehe ich eine essende Ina im Bett und Kai neben ihr, der Ina beim Essen zusieht. Es ist der dritte Tag. Ina, deren Beine nicht aus dem Bett baumeln, sondern die das Tablett auf dem Schoß hält, den Rücken an das mit Kissen bestopfte hoch geschraubte Kopfende gelehnt. Sie sieht Kai, während sie isst, unaufhörlich an, und Kai hält ihr stand, keiner senkt den Blick, keiner will ihn senken, beide wissen, was er zu bedeuten hat, der Blick, es gilt nur noch, das Essen hinter sich zu bringen, um das, was der Blick sagt, zu tun. Kai ein wenig ungeduldig, auf der Bettkante wippend, am liebsten hätte er Ina das Tablett sofort weggenommen. Ina, die spielt, die sich nicht aus der Ruhe bringen lässt, sie liebt die Verzögerung, Ina, die ihren Fleischkäse mit Senf, Kartoffelbrei und Sauerkraut verspeist, Bissen für Bissen, immer den Blick auf Kai gerichtet, Ina, die das Essen starr zum Mund führt und sich nicht darum schert, dass Senfperlen oder Saft vom Sauerkraut oder Püreeflocken ein ums andere Mal aufs Bett tropfen, nein, immer geradeaus zu Kai den Blick, sie lässt sich Zeit, kaut gründlich, zermahlt den Fleischkäse zwischen den Zähnen, schlürft das Sauerkraut von der Gabel, bläst auf das noch heiße Püree und wartet, bis der Dampf fortweht. Keine Worte, keine Gesten, nur der Blick, der sich wie ein Stahlrohr zwischen die beiden geklemmt hat. Und dann ist der letzte Tropfen Soße vom Plastik gewischt. Sie drückt

Kai das Tablett in die Hand. Kai stellt es fort. Dreht sich zurück zu Ina. Und die sagt aus heiterem Himmel, alles sei so leicht heute. Kein Taschentuch mehr fallen lassen, kein Du-hast-so-schöne-Augen, kein verschämter Blick, kein Erröten, kein Sich-in-Pose-Werfen. Längst vergessen. Nein, heute genüge es, sich gerade anzuschauen und zu wissen, was man wolle. Wie in diesem Film, *Rose*. Craig Morton und Isabelle Duras. Die beiden seien genauso dagesessen wie sie jetzt, Kai und Ina. Nicht im Krankenhaus, auf einer Parkbank. Einfach so. Ohne sich zu kennen. Hätten plötzlich begonnen sich anzuschauen. Hätten nicht mehr aufhören können damit. Es sei so einfach, sagt Ina. Wenn man den Film kenne, wisse man genau, was zu tun sei. Denn eines sei klar: Bei allem, was man tue, folge man immer einem Bild, das man irgendwann einmal irgendwo gesehen hat. Dann hebt Ina ihren Zeigefinger und krümmt ihn leicht, sodass Kais Gesicht sich Ina nähert, und schön wäre es natürlich, wenn der Film, aus dem Ina jene berühmte Szene zu diesem ungewöhnlichen Zeitpunkt zitiert, wenn jener Film nun gleichzeitig *sein* Film wäre, Kais Film, ebenjener Film, den er, Kai, vor langer Zeit gesehen hatte, der Film, der seinen Entschluss heraufbeschworen hatte, Schauspieler zu werden, wunderbar würde sich alles fügen, denn während Kai sich Ina näherte, wäre er überwältigt von der Reinheit des Augenblicks, von der nur mit dem schweren Wort Schicksal zu überschreibenden Tatsache, dass sie, Ina, ihn, Kai, genau dort angesprochen hat, wo ein Mensch einen Menschen nur ansprechen kann, bei dem ureigensten, nie mehr aus seinem Leben wegzuwischenden Erlebnis, das ihm jener Film, auch wenn es schon so lange zurücklag, verschafft hatte, und Kai würde sich in diesem Augenblick an das erinnern, was ihm einst so überlebenswichtig erschienen war, dass er all seine Existenzkraft darauf ausgerichtet hatte, Kai würde im Überschwall des Gefühls aus sich selbst heraustreten, würde in diesem Moment nicht mehr Kai sein, sondern Craig Morton, der auf der Parkbank sitzt, und Ina nicht mehr Ina, sondern Isabelle Duras, doch leider weiß ich nicht, ob das stimmt, ob die beiden Filme sich wirklich decken, denn Kai hat Christof den Namen des Films nie verraten, der ihn so sehr berührt hat, und so kann ich nur eine andere Berührung bezeugen, und zwar die Berührung zwischen Kai und Ina, die sich zutrug am dritten Tag des Krankenhausaufenthaltes der Kletterin Ina Wielke, also einen Tag vor ihrer Entlassung, da geschah es, dass sie ihren Finger krümmte und Kais Gesicht zu dem ihren heranholte, und der Rest ist Halleluja.

9 – EVANGELIUM

Wann immer Christof in den Tagen nach dem Unfall spazieren ging, lenkte ihn etwas ab, stahl sich etwas in seinen Kopf, das fremd war, Christof versuchte es abzuschütteln, aber das, was da kam, war hartnäckig. Es war etwas, das ihm im Ohr klang, etwas, das aus einem Satz gesprungen war, den der Taxifahrer gesagt hatte, kurz vor dem Unfall. Nach Jahren des Schweigens, der inneren Leere, des unerschütterten Dahintrottens war es ein einfacher, ein kleiner, ein im Spaß gesprochener Satz, der sich festgebissen hatte, ein Satz, der langsam den Geruch des Satzes abwarf und zu einem Bild wurde, zu einem inneren Bild, das größer wurde, bedrohlicher. Und um es loszuwerden, dachte Christof an all das, was in den nächsten Tagen zu tun war, er dachte an das Evangelium, das er am letzten Adventssonntag vorzulesen hatte, und daran, wie er die Predigt würde aufbauen können, er dachte an die Hausbesuche, die anstanden, oder an die Geschichte, die er im Religionsunterricht erzählen würde, er dachte an die kommende Pfarrgemeinderatssitzung, an den Caritasbasar, an das Taufgespräch am Freitag, er dachte an den Artikel für den Pfarrbrief, den er bis Mitte Januar noch schreiben musste zum Thema Lichtmess, er dachte an das Sofa für die Teestube, das zu kaufen war, und an Kranke kurz vorm Tod und daran, wie er ihre Hand halten würde, wenn man ihn rechtzeitig rief. Und er dachte zurück, an die Dinge, die in den letzten Wochen erledigt worden waren. An die Kirchenvorstandssitzung, in der man über die Sanierung des Glockenstuhls debattiert hatte, an die zahllosen Spendenaufrufe, an Messdienerstunden, an Beichtgespräche oder an die Religiöse Woche der Jugend mit Frühschicht und Meditation.

Es half nichts.

Am Donnerstag vor Weihnachten, als er schon damit beschäftigt war, die Weihnachtspredigt vorzubereiten, merkte er, dass er sich dem, was da kam, nicht entziehen konnte. Dass es stärker war als das, was er entgegenzusetzen hatte. Da blieb er auf seinem Spaziergang stehen, bückte sich, warf einen Stein in den Fluss und dachte, dass er sich dem, was da kam, stellen wolle, dass er jetzt, hier, am Fluss, mit der Sonne dort oben und dem Geräusch des Fließens vor ihm, so lange über das, was da kam, nachdenken wolle, bis er die Gedanken gedacht, bearbeitet, weggelegt, sie aus sich herausgedacht hatte.

Ist es kalt dort? dachte Christof. Haben sie gefroren? Die Krippe, wie sieht sie aus, wie ist sie gebaut, wie riecht sie, ist sie aus Holz, ist sie aus Stein, ist sie groß, klein, eckig? Treibt Josef die Tiere fort? Er bindet sie ans Ende des Stalls, damit sie kein Unheil anrichten, damit

sie nicht plötzlich nach vorn trampeln, zur Krippe hin. Er ordnet das Stroh in der Krippe. Ein Splitter fährt ihm in den Finger, er versucht ihn mit dem Mund herauszusaugen, aber der Splitter sitzt tief. Maria liegt unter Fellen. Kocht Josef Wasser ab? Weiß er überhaupt, was zu tun ist? Er hat ein Feuer angezündet und trägt Sorge, dass kein Rauch zu Maria hinüberweht. Es wird wärmer im Stall. Vielleicht gibt er ihr zu trinken. Tupft er ihr den Schweiß von der Stirn? Mit welchem Tuch? Legt er ihren Unterleib frei? Was sagt er ihr?
Doch statt die Gedanken aus sich herauszudenken, dachte er sie tiefer in sich hinein und schlug verängstigt den Rückweg ein, betrat die Krypta seiner Kirche, zündete ein halbes Dutzend Kerzen an, löschte das elektrische Licht, kniete nieder und schloss die Augen. Betete nicht, aber stellte sich, wie er es gelernt hatte, zu Beginn seiner Meditation ein eckiges, weißes Blatt Papier vor, welches sich über seine Gedanken legen sollte, sie überdeckend, immer größer werdend, sodass nichts zurückblieb als ebenjenes Papier und damit nichts. Es gelang ihm. Er bündelte sich selbst zu einem immer kleiner werdenden Punkt, der hinter dem Papier verschwand. Als er zu sich kam, fühlte er sich besser. Er löschte die Kerzen, trat hinaus und schloss die Krypta ab. Draußen war es fast dunkel, er hörte die Uhrschläge der Kirchturmglocke, zählte sie, von einem einzigen Schlag aufsteigend bis hin zu vier Schlägen, dann die dumpfer klingende Glocke, die den vollen Stundenstand verkün-

dete, fünf, sechs, sieben. Und plötzlich erschrak Christof, als er im vereisten Abgang zur Krypta stand, er erschrak, weil er zwei Menschen sah, die sich aus der Dunkelheit näherten, die sich dem Pfarrhaus näherten, suchend an der Kaplanei vorbeigingen, wieder zurück, der eine Mensch stützte den anderen, und Christof erschrak, weil er, ohne im Laternenlicht die Gesichter zu erkennen, wusste, wer diese Menschen waren, wusste, wer da wen stützte und wer noch ein wenig humpelte. Sie stiegen die Treppen zum Eingang der Kaplanei hinauf und läuteten. Christof blieb im Verborgenen und wusste nicht, was tun. Er dachte, ich kann ja hier stehen bleiben, bis sie wieder fort sind, ich kann mich hier, im Schutz der Krypta, verbergen und zwei Minuten warten, drei Minuten warten, sie werden mich nicht sehen, sie werden wieder gehen, sie werden fortgehen, sie werden denken, ich sei nicht zu Hause. Hier, dachte Christof, kann ich stehen bleiben, ohne dass sie es merken.

Doch er tat das Gegenteil. Er trat aus dem Schatten der Krypta und ging langsam zur Haustür, Ina und Kai kamen ihm entgegen, im Begriff zu gehen, sahen ihn, sahen, wie er herankam, langsam, da bist du ja, sagte Kai zu ihm, und Christof sagte, da bin ich. Er bat sie hinein, sie setzten sich aufs Sofa, sahen sich im Zimmer um, Kais Blick blieb am Aquarium hängen, auf das er kurz deutete, indem er sagte: Fische. Dann zog Kai eine Flasche Wein aus seinem Rucksack und sagte, es sei viel geschehen die letzten Wochen, Ina habe sich gut erholt, und er, Christof, sei ja schließlich dabei gewesen, als sie, Ina und Kai, sich, naja, er wolle mal sagen, zum ersten Mal *getroffen* hätten. Ob das kein Grund sei, einen Wein aufzumachen? Und so fing es an.

Christof sagte, er freue sich über den Besuch, er holte einen Korkenzieher und Gläser und stellte sie auf den Tisch, während Kai und Ina sich bei ihm bedankten für die Hilfe beim Unfall. Ina sagte, es gehe ihr gut, sie könne Finger und Fuß wieder belasten, sie erzählte vom Klettern und davon, dass ihr Trip nach Buoux nicht in Gefahr sei. Kai trat ans Aquarium und lobte die Fische und fragte nach einzelnen Exemplaren, redete eine Zeit lang von der Fischzucht in Japan, und als er nichts mehr darüber zu sagen wusste, kam er auf Nordseelachse zu sprechen, den Mastschweinen der See, wie er sie nannte, gefüttert mit Fischmehl, aufgezogen in riesigen Bassins, ins Meer ausgesetzt und wieder eingefangen.

Und Christof? Der merkte, dass die Reihe nun an ihm war, etwas von sich zu geben, und er spürte auch, dass da etwas war, was ihm auf der Zunge lag, worüber er gern mit den beiden gesprochen hätte, etwas, das mit den Gedanken zu tun hatte, die er am heutigen Tag in der Krypta aus sich herausmeditiert zu haben glaubte, die sich aber nun, nach Kais und Inas Erscheinen, wieder neu meldeten, da waren sie, die Gedanken, und warteten darauf, ausgesprochen zu werden, aber Christof wehrte sich dagegen und knüpfte an das Gesprochene an und redete vom Fisch als dem Zeichen, an dem sich die ersten Christen erkannt hätten, erläuterte Kai und Ina die geheime Bedeutung des griechischen Wortes *ichthus* und sprach von allem, was ihm zum Fisch und zu jener Zeit einfiel. Doch ihm war, als bete er etwas Auswendiggelerntes herunter, hohl, ohne Fleisch; und während er redete, formten sich in seinem Schädel andere Worte, und er fragte sich plötzlich, warum er sich so dagegen sträubte, warum er das, was er sagen wollte, nicht einfach aussprach, in den Raum stellte, und so hörte er auf einmal auf zu reden, mitten im Satz, ließ die Fische in der Luft zappeln und dachte, ja, ich kann es sagen, ich werde es sagen, ich muss es sagen, ich brauche nur noch einen kurzen Moment der Sammlung. Aber Kai ließ die Stille nicht lange keimen, sondern redete da weiter, wo Christof aufgehört hatte, angelte sich die liegen gebliebenen Fische, merkte aber plötzlich, wie ihn diese *allgemeinen* Fische zu langweilen begannen, es waren belanglose Fische, die weder etwas mit ihm noch mit Ina noch mit dem Priester zu tun hatten, Fische, die sie alle im Grunde nichts angingen, Small-Talk-Fische waren das, die sie fabrizierten, und da es nichts gab, das ihn mehr anödete als diese Form des Geschwätzes, schuppte er plötzlich den Fischen die Belanglosigkeit ab und begann, über sich selbst zu reden. Kai sagte, ja, Fische hätten für ihn eine besondere Bedeutung, und er könne durchaus eine Erklärung dafür liefern, weshalb das so sei. Das rühre daher, sagte er, weil er als Kind, kurz nachdem er zu laufen begonnen habe, einmal in einen Gartenteich gefallen sei, und da gebe es doch diesen Reflex, der dafür sorge, dass sich ein Kind, wenn es einmal mit dem Kopf, das heißt mit dem Gesicht, unter Wasser liege, nicht mehr rege, einfach still und ohne Reaktion liegen bleibe, in derselben Stellung, in der es hineingefallen sei. Er, Kai, habe nun, als er dort gelegen sei, im Teich, sekundenlang, mit offenen Augen, in die Unterwasserwelt hinabgesehen, und obwohl das alles so lange her sei, könne er sich an vieles erinnern, an das leicht getrübte Grün des Wassers zum Beispiel, an die Wasserpflanzen, die sich vom Grund zur Oberfläche schlängelten und sich fast nicht bewegten, oder an diesen fetten, trägen, roten Goldfisch, der langsam und nah an seinem Gesicht vorbeigeschwommen sei. Und da sei kein Schreck gewesen. Keine Todesangst. Kein Sichwehren. Nichts. Im Gegenteil. Er, Kai, habe tatsächlich begonnen, sich in dieser Welt, die völlig neu für ihn war, heimisch zu fühlen. Ja, sagte er, er habe begonnen, sich in die dunklen Wasser hineinzuleben, er habe sich immer weiter und tiefer in diese Welt hineingezogen gefühlt, und die Rettung – seine Mutter, die mit Freundinnen auf der Terrasse saß, hörte das Wasserklatschen, sprang auf, lief zum Teich, stürzte sich hinein und zog ihn raus –, die Rettung also sei nichts weiter gewesen als ein Bruch, der Abbruch einer beginnenden Sicht auf etwas Neues, sodass er, Kai, im Arm seiner Mutter nicht schrie oder weinte, sondern vollkommen reglos das Trösten, Abtrocknen und Umziehen über sich ergehen ließ.

Und so begann man über den Tod zu reden. Ina sprach über die Begleitung des Todes bei den Soli, die sie riskiert hatte. Für ein Solo, das Klettern ohne Seil, hatte sie sich zwar immer Felsen ausgesucht, die sie gut im Griff hatte, aber sie hing dann irgendwann eben doch so hoch, dass ein Sturz unweigerlich den Tod nach sich gezogen hätte, da hing sie, nur an den Kuppen ihrer Finger und den dünnen Sohlen ihrer Füße, klebte eher, als dass sie hing, presste sich an den nackten Fels, suchte Schutz und ruhte sich öfter aus als gewohnt, um ja keine Fehler zu machen, und obwohl sie die Haken, Risse und Verschneidungen auswendig und geschlossenen Auges herunterbeten konnte, obwohl sie schon mehrmals zuvor die Strecke mit Seil ausgebouldert hatte, war doch in jeder Sekunde die Möglichkeit des Todes gegenwärtig.

Christof erzählte von den Kranken, die er in seinen Jahren als Kaplan begleitet hatte, erzählte von den verschiedenen Arten des Sterbens und des Verhaltens der Menschen vor dem Tod, Menschen, die entweder im Schlaf überrascht wurden, gar nichts merkten und aus der Stille heraus ins Nichts glitten; Menschen, die heftig rangen und sich wehrten und sich mit entsetzten Augen an seine Hand klammerten und dem Ende entgehen wollten; Menschen, die weinten und flehend zu ihm schauten in der bitteren Hoffnung, dass er, der Priester, sie beschützen möge; Menschen, die plötzlich ruhig wurden, kalt und ruhig, von einer geradezu unmenschlichen Gelassenheit – glasige, leere Augen, die ihren Ausdruck verloren hatten – und mit fast zynischem Lächeln verschieden; Menschen, die laut und heftig redeten, kurz bevor es geschah, ja, lachten, sich ablenkten, versuchten, nicht an das zu denken, was bevorstand, Menschen, die ihre letzte Kraft verschleuderten und von allerhand nebensächlichen Dingen berichteten und dann plötzlich, jäh, wie vom Pfeil getroffen, zusammenzuckten, die Augen aufsperrten, in völligem Unverständnis dessen, was geschah, als hätten sie nicht gewusst, dass es passieren würde, als hätten sie gedacht, wenn sie so täten, als ob, würde es vielleicht nicht geschehen, so schauten sie ihn an: Priester, fragten ihre Augen, was geht da vor? – und waren tot.

Christof wollte mit jedem Wort, das er sprach, die Zeitspanne verlängern, in der Kai und Ina bei ihm saßen. Je länger sie hier sind, dachte er, umso höher ist die Wahrscheinlichkeit, dass ich sage, was ich eigentlich sagen will, dass ich ihnen von meinen Gedanken berichte, die Kai mit seinen Worten im Taxi angeschoben hat und die ich versucht habe, aus mir herauszudenken, am Fluss, was mir nicht gelungen ist, die ich versucht habe, aus mir herauszumeditieren, in der Krypta, was mir nicht gelungen ist, und jetzt ist der Moment gekommen, da ich es ihnen sagen muss, denn wenn ich es *ihnen* nicht sage, wem sonst?

Doch er habe es nicht gekonnt, sagt Christof. Er sei

dagesessen, habe geschwiegen, leicht geschwitzt und still mit den Worten gerungen. Er sehe es noch genau vor sich. Kai und Ina auf dem Sofa, Kais Hand in ihrer, rote Reste in den Gläsern, die Rollläden hinter ihnen nicht herabgelassen, ein leises Blubbern vom Aquarium, Kai, der einen Ruck macht, sich zurechtsetzt. Will er aufstehen? Gehen? Greift er zum Rucksack? Dieser Augenblick, sagt Christof, hätte vorbeigehen können, wenn er sich nicht gerührt hätte, wenn er sitzen geblieben wäre, wenn er Kai und Ina Zeit gegeben hätte, sich anzusehen, sich ein Zeichen zu geben, sich zuzunicken, sich stumm zu sagen: Das ist der Moment zu gehen, die Flasche ist leer, die Gläser sind leer, wir haben den Priester getroffen, wir haben uns bedankt, wir haben erzählt und seine Fische gelobt und sogar ein Gespräch über den Tod geführt, jetzt gehen wir, bald ist Weihnachten, er wird genug zu tun haben, das ist der Moment zu gehen.

Aber Christof sah nicht zu Boden. Er sagte: Ich hol noch eine Flasche aus dem Keller. Stand auf, ohne auf die beiden zu achten, suchte einen leichten Wein aus, der zu dem passte, den sie soeben getrunken hatten, stand eine Weile mit geöffneter Flasche in der Küche, ging zurück ins Wohnzimmer, schenkte den Wein ein und fragte Kai, ob er sich noch an das Lied im Taxi erinnere. Dabei schlug sein Herz schneller. Als Kai nichts sagte, fügte Christof hinzu, und an das, was er, Kai, ihn anschließend gefragt habe. Ja, sagte Kai, er erinnere sich, die Windeln, der Ochse, die Asche. Christof nickte und sagte, er, Christof, sei eine Antwort schuldig geblieben und wolle sie ihm, Kai, jetzt geben.

Christof habe nun vom Blut und vom Stroh gesprochen, vom Gestank der Tiere und der Kälte. Ina und Kai hätten zunächst abwartend zugehört, bald aber damit begonnen, Christofs Beschreibungen zu ergänzen. Gemeinsam habe man über Marias Schreie gesprochen, über die Lage Jesu, über Jesu Kopf- oder Steißlage und darüber, dass man weder Kaiserschnitt noch Zangengeburt kannte. Man habe über das Durchtrennen der Nabelschnur gesprochen und darüber, wie Josef da wohl vorgegangen ist, ob er ein Messer benutzt oder sich hinabgebeugt und die Schnur mit den Zähnen zerbissen und den Nabelleiter auf den Boden gespuckt hat, um ihn gemeinsam mit der Nachgeburt aufzuwischen. Und was er damit getan hat. Vergraben? Ins Feuer geworfen? Zum Unrat der Tiere? Man habe beschrieben, wie Jesus nach der Geburt aussah. Schrumpelig und alt sah er aus, von rosiger Haut keine Spur, nass und erschöpft. Man habe darüber gesprochen, wie die beiden ihre vom Blut und Fruchtwasser befleckten Kleider wieder sauber bekommen haben, ob Josef am nächsten Morgen halbnackt zum Brunnen gegangen ist und die Kleider gewaschen und nahe beim Feuer aufgehängt hat oder ob man die beschmutzten Sachen einfach weggepackt und frische Gewänder hervorgeholt hat.

Und ein Gedanke folgte dem nächsten, ein Glas Wein

dem anderen, und je mehr man trank, umso länger verharrte man bei den entworfenen Bildern, umso genauer beschrieb man alle körperlichen Verrichtungen, alle Gerüche und Bewegungen, alle Sinnlichkeit der Wahrnehmung, all das, was nicht überliefert war, aber trotzdem stattgefunden haben musste. Ina beschrieb ausführlich, wie sich die Dinge anfühlten, auf die man seine Hand legte, wie fasrig und leicht splitternd unbearbeitetes Holz stach, wie kalt, aber doch lebendig die Steine und Felsen pochten und wie feucht und kühl schwarze Erde in die Haut einzog. Kai erzählte von den verschiedenen Ausdünstungen der Menschen, Hirten, deren Kleider nach Schafwolle und deren Haare nach Rauch und Asche rochen, Josef, dessen Schweiß ihm von den Anstrengungen der Reise und der Vorbereitung der Geburt am Körper klebte, schon getrockneter, alter, stechender und noch frischer, ein wenig süßlicher Schweiß.

Und als sich Ina und Kai schließlich erhoben, standen drei leere Flaschen auf dem Tisch. Man hatte die halbe Nacht geredet. Kai kritzelte eine Nummer auf ein Papier, Christof öffnete die Tür, klare Luft wehte kurz zu ihm hinein, es kreiste in seinem Kopf, nicht weil er zu viel getrunken hatte, sondern weil etwas in ihm aufgestoßen worden war, das sich, wie er sah, von nun an nicht mehr so leicht würde schließen lassen. Zwar spürte er eine Erleichterung, eine Zufriedenheit darüber, dass er gesagt hatte, was er hatte sagen wollen, zugleich aber schob sich etwas anderes in seinen Kopf, etwas, das er nicht zu benennen in der Lage war, etwas, das mit Kai und Ina zu tun hatte, mit der Art und Weise, wie sie sich angeschaut und ab und zu die Finger ihrer Hände ineinander verschränkt hatten.

10 – HOMILIE

Die Weihnachtsmette wurde für Christof zur Qual. Das begann schon bei der Predigtvorbereitung. Die ging ihm nicht so flüssig von der Hand wie gewohnt. Zwar tat Christof alles genau so, wie er es immer tat: Er las sich das Evangelium, obwohl er es fast auswendig kannte, noch einmal laut vor, ließ es anschließend auf sich wirken, indem er ein wenig durch die Wohnung spazierte, fütterte, als er am Aquarium vorbeikam, die Fische, dachte kurz an Kai und Ina und an all das, worüber man gesprochen hatte, versuchte aber sofort, diese Gedanken abzuschalten und sich ganz auf das zu konzentrieren, was er zu tun hatte, zwang sich dazu, sich hinzusetzen, einen Stift zu greifen, die Hand aufs Papier zu führen und zu schreiben. Doch die Sätze schienen in ihm kleben zu bleiben, öfter als gewohnt griff er zu Bruno Drehers Predigthilfen, und nichts war zu spüren von der Befriedigung, die ihn gewöhnlich ergriff, wenn ein ausgearbeiteter Predigttext vor ihm lag, wenn er, auf- und abgehend, eine Hand in der Tasche, in der anderen die Blätter, sich selbst die Predigt laut vorsprach, die Betonungen probte und ab und zu die Papiere auf den Schreibtisch gleiten ließ, um an der einen oder anderen Stelle ein Pausenzeichen zu vermerken. Nein, da war kein Fluss, da war keine Begeisterung, keine Überzeugung. Er saß im Wohnzimmer und drehte den Zettel in seinen Händen, auf dem die Nummer stand, die er anrufen wollte. Er tat es nicht. Er predigte. Weihnachten, die Kirche gerammelt voll mit Gläubigen und Stille-Nacht-Singern, Orchester, Chor, der Organist im schwarzen Anzug, Pastor Lettner auf einem der zur Seite geschobenen, grün bepolsterten Sedilien, Lichter, die Krippe, alt, riesig, hölzern, und während er predigte, hatte Christof das Gefühl, er müsse sich jeden Satz von der Zunge schneiden.

Die folgende Woche verstrich in einer Art zähen Lähmung, und am nächsten Sonntag stand das *Fest der Heiligen Familie* im Messbuch, und Christofs Predigt hatte Bezug zu nehmen auf eine berühmte Textstelle aus dem Lukasevangelium: Als Jesus zwölf Jahre alt war, nahmen ihn seine Eltern mit auf die gesetzlich vorgeschriebene Pilgerreise nach Jerusalem, man zog in einer großen Gruppe los, mit Verwandten, Bekannten, Freunden, blieb eine Woche in Jerusalem, verrichtete all das, was auf so einer Pilgerreise zu verrichten war, und kehrte wieder zurück. Aber ohne Jesus. Denn der blieb einfach, ohne sich abzumelden, im Tempel, unerlaubt, kein Wort zu den Eltern. Die Rabbinen saßen damals stets in den Hallen des äußeren Tempelvorhofs oder auf dem Tempelberg und lehrten, disputierten, erklärten, legten aus, ihre Schüler hockten auf dem Boden und stellten

Fragen der *Halacha*, Fragen zum gesetzmäßigen Handeln, und unter den Schülern fand sich nun auch Jesus ein und hörte den Rabbinen zu, und plötzlich fing er an, Fragen zu stellen, man horchte auf, er redete, ein allgemeines Erstaunen beschlich die Zuhörer, wer ist das, fragte man sich, ein Kind, was sagt er, tuschelte man, ein Zwölfjähriger. Maria und Josef gingen unterdessen ahnungslos zurück Richtung Nazaret, sie dachten, ihr Sohn befände sich vorn in der Gruppe, bei Freunden, bis sie irgendwann merkten, dass er fehlte, dass er nicht in der Gruppe war, nirgendwo, dass sie allein waren, ohne ihr Kind. Sie eilten zurück nach Jerusalem, suchten alles ab, die ganze Stadt, nichts, Jesus blieb unauffindbar, und die Furcht wuchs, ihm könnte etwas zugestoßen sein. In letzter Not gingen sie in den Tempel, und da war er, Jesus, stand einfach da und predigte, legte Schriftstellen aus, deutete, sprach, erklärte. Zunächst waren Maria und Josef erleichtert, sie atmeten auf, er lebt, dachten sie, er ist da, wir haben ihn wieder, dann aber ärgerten sie sich über die unglaubliche Frechheit ihres Sohnes, über die Tatsache, dass er einfach weggeblieben war, ohne ein Wort. Da trat Maria zu Jesus, nahm ihn bei der Hand, führte ihn aus dem Kreis der Rabbinen und stellte die berühmte Mutterfrage: Wie konntest du uns das antun? Darauf Jesus: Warum habt ihr mich gesucht? Wusstet ihr nicht, dass ich in dem sein muss, was meinem Vater gehört? Und das hieß: Jesus, das Kind, der Zwölfjährige, befand sich in dem, was seinem Vater gehört, dem Tempel, der aber gehört Gott, also wusste er es: Schon früh wusste er es, schon mit zwölf Jahren wusste er, was er ist, wusste er, wer er ist.

Christof saß grübelnd vor der Textstelle, den Bleistift zwischen den Lippen, die Spitzen seiner Mittelfinger trafen sich auf seinem Kopf, er las nicht nur das Evangelium, dreimal, viermal, er las auch einige Erläuterungen zu den Sitten und Umständen der damaligen Zeit, doch wie sehr er sich auch bemühte, er fand keinen Ansatz, keinen Einstieg, hatte keine Idee für eine Aussage, auf welche die Predigt zulaufen sollte, konnte sich auch keinen Schlusssatz vorstellen, der in den Köpfen der Zuhörer noch nachhallen und sie, wenn möglich, betroffen zurücklassen sollte. Christof griff schließlich zum Ordner mit den Predigten der Vorjahre, nahm eine Predigt heraus, die er schon einmal zu dieser Bibelstelle gehalten hatte, las sie, las sie noch mal, erschrak, schüttelte den Kopf, las den Text ein drittes Mal und musste feststellen, dass er dem, was dort geschrieben stand, nichts mehr abgewinnen konnte. Doch plötzlich beschloss er, am morgigen Tag diese alte Predigt genau so vorzutragen, wie er es schon einmal getan hatte, im Schwarzwald, Wort für Wort, ohne ein einziges Komma auszulassen. Es ist mir egal, sagte er sich, ich lese sie ab, ich lese sie vor: Was im letzten Jahr gut war, ist auch jetzt noch gut, es kommen wieder andere Zeiten. Als er diesen Beschluss gefasst hatte, ließ er sich aufs Sofa fallen und schloss die Augen, merkte mit einem Mal, dass er dort saß, wo Kai und Ina gesessen hatten, sprang wieder auf und nahm den Hausschlüssel, draußen war die Nacht klar und kalt, sodass er den Mantel zuschlug. Er atmete tief ein, schritt zügig aus, und plötzlich hatte er einen Einfall. Er blieb stehen, dachte einen Gedanken zu Ende, ging weiter, hielt wieder an, immer mehr Gedanken kamen, einer folgte dem anderen, und schließlich drehte Christof um, ging zurück, öffnete am Schluss die Tür, nein, riss sie auf, setzte sich, ohne den Mantel auszuziehen, an den Schreibtisch und schrieb seine Predigt in zehn Minuten, hielt inne, las sich durch, was er geschrieben hatte, verbesserte hier und da ein Wort, fügte eines hinzu, strich ein anderes, setzte Satzzeichen, korrigierte, tippte das, was er geschrieben hatte, ab, las noch einmal die getippte Fassung, fühlte sich froh, erleichtert, begeistert, stand vor dem Aquarium und predigte laut den Fischen zur Probe, musste weniger oft aufs Blatt schauen als gewohnt, fiel völlig erschöpft ins Bett und hätte beinah vergessen, den Wecker zu stellen.

Am Sonntagmorgen folgte der Sturz hinab, als Christof beim Frühstück seine Predigt noch einmal durchlas und feststellte, dass er sie schwerlich würde vortragen können. Zwar war das, was dort stand, eine gute Predigt. Aber die Predigt war eine einzige Provokation. Um eine solche Predigt vorzutragen, merkte Christof beim Frühstück, brauchte man Mut, mehr als Mut, brauchte man Courage und ein breites Kreuz, um die Prügel, die es setzen würde, am Ende der Messe, auszuhalten. Doch gab er sich kämpferisch an jenem Morgen. Nein, sagte er sich, ich werde sie lesen, ich werde diese Predigt lesen, koste es, was es wolle, ich werde den Leuten keine alten Worte auftischen, ich werde die neue Predigt lesen, die Predigt, die ich gestern geschrieben habe, ich lasse mich nicht einschüchtern von Gedanken und Befürchtungen, nein, sagte sich Christof, diese Predigt oder keine. Und er wollte die alte Predigt schon wieder in den Ordner zurückstecken, als ihn ein kurzes Bild durchzuckte, das Bild, wie er am Altar stand und rechts Herr Wagner aus dem Kirchenvorstand, linker Hand Familie Knoll mit drei Kindern, vorn, in der ersten Reihe, die schwarz gekleideten Schönstattschwestern, Schwester Regia und Schwester Irmgardis, vielleicht auch Schwester Maria, und da sagte er sich: Ich kann die alte Predigt ja mal mitnehmen, für den Notfall.

So zog man in die Kirche ein, und auf dem Altar, auf den man zuzog, lagen Christofs alte und seine neue Predigt, beide in jener schwarzen Mappe, in der er seine Predigten aufbewahrte, der Küster hatte sie vor einigen Minuten dort hingelegt, und Christof kam es vor, als schliche er an diesem Sonntag mit den Messdienern förmlich um die Altarstufen, er machte die Kniebeuge, ging dann langsamer als gewohnt die drei breiten Stufen hinauf, um den Altar herum, dann küsste er den Altar, und während er ihn küsste, sah er dicht vor Augen die Mappe, die er in vielleicht zwanzig oder fünfundzwanzig Minuten öffnen und aus welcher er eine der beiden Predigten herausnehmen und vortragen musste.

Nach dem Evangelium sah Christof in die Gemeinde. Sein Magen schmerzte, als er die Mappe aufklappte, zuoberst lag die neue Predigt, und für einen Moment war er ganz bei sich, die Gemeinde, die Sitzenden waren ausgeblendet, nur der Altar im Blickfeld, ein viereckiger, mit Tuch behangener Block, er hätte jetzt gern ein Glas Wasser getrunken, hätte sich gern gesammelt, beruhigt, kurz hingesetzt, vorbereitet, eingestimmt auf das, was er lesen wollte, aber da blieb keine Zeit, denn es drängten schon die ungesehenen Blicke der Wartenden, er hätte gern eine Einleitung gesprochen, hätte sich gern gerechtfertigt, im Vorhinein, für das, was er sagen wollte, aber er wusste nicht, wie, wusste nicht, welche Worte er wählen sollte, wusste nicht, wie er das, was er predigen wollte, würde erklären können, und so blickte er auf, inzwischen blass und mit Tropfen des inneren Ringens im Gesicht, blickte hinüber zu den Menschen, von denen ein Knistern auszugehen schien. Da legte Christof die neue Predigt beiseite, legte sie neben die Mappe, verfolgte den Akt des Weglegens mit einem leichten Schmerz, und Christof nahm die alte Predigt aus der Mappe, sah links oben die silberne Klammer, die die Blätter zusammenhielt, sah den Knick im obersten Blatt, der ihm zeigte, dass er sie schon einmal gehalten hatte, die Predigt, und Christof hielt sich den Text dicht vor Augen und las die alte Predigt ab, still, geduckt, ohne jeden Ausdruck in der Stimme, ganz so, als verlese er ein Testament, und schnell las er, sodass er schon nach wenigen Minuten endete, die Predigt in die Mappe packte, Amen sagte, sich auf den Hocker setzte und dort erheblich länger sitzen blieb, als dies im Ablauf der Messe vorgesehen war. Der Organist präludierte eine Weile, war aber gezwungen, eine Schlusskadenz nach der anderen wieder aufzulösen und weiterzuspielen, weil er in seinem Rückspiegel sah, dass der Kaplan keine Anstalten machte aufzustehen. Und als Christof sich nach fast zehn Minuten ein wenig erholt hatte und endlich an den Altar trat, brach der Organist eine in sein Vorspiel eingewobene Minifuge kunstvoll ab, Christof entschuldigte sich und sagte, er fühle sich nicht wohl, doch brachte er die Messe, so gut und schnell es ging, zu ihrem Ende.

Dann stand er in der Sakristei und schwitzte. Er erlaubte dem Küster nicht, dass er ihm die Kasel ausziehen half. Nein, sagte er, einen Moment noch. Erst als alle Nachbereitungen beendet und die Messdiener gegangen waren, zog er das Gewand aus, und danach geschah alles genau so wie unzählige Male zuvor: Beim Verlassen der Sakristei warteten einige alte Frauen auf ihn. Er hörte sich, nachdem er die Höflichkeitsfrage, ob es ihm wieder besser gehe, bejaht hatte, geduldig alles an, was die Frauen zu sagen hatten, grüßte die nur noch vereinzelt vorüberziehenden Gemeindemitglieder und ging dann, sobald man ihn ließ, in die Kaplanei.

Er saß den ganzen Tag im Wohnzimmer und versuchte sich zurückzulocken in die alles zersetzende und klärende Leere, die seine Gedanken auflösen würde. Das gelang ihm nicht. Stattdessen fiel sein Blick aufs Telefon. Es war sechs Uhr. Er nahm den Hörer in die Hand, saß mit abgehobenem Hörer am Schreibtisch, kurz nur, und wählte dann Kais Nummer. Es meldete sich Ina. Christof: Ob er auf einen Sprung vorbeikommen könne? Ina: Klar. Und Christof, der keine Ahnung hatte, was in dieser Nacht noch auf ihn zukommen sollte, setzte sich in seinen Wagen, fuhr los, hatte den Stadtplan vergessen und musste einen Passanten nach dem Weg fragen, klingelte, hatte kein Auge für den Wohnblock, in dem Kai wohnte, ging die Treppen hoch, dritter Stock, die Tür war angelehnt, er trat ein. Setz dich, sagte Ina. Nur sie war da. Kochte. Es gibt Chili, sagte sie. Christof hob abwehrend die Hände. Ina: Kommt nicht in Frage. Du kannst schon mal den Tisch decken, drüben auf der Ablage steht Geschirr, den Tisch musst du noch abputzen. Christof nahm einen blaugelben Schwamm aus der Spüle und hielt ihn unter die Wasserleitung, quetschte ihn zusammen, sodass ihm dunkles Kaffeewasser über die Hände rann, er fuhr mit dem Schwamm über die Wachsdecke und sammelte die Krümel und Plastikschnipsel in der hohlen Linken, schüttete alles in den Müll, hielt den Schwamm wieder unters Wasser und legte ihn zwischen den Warmwassergriff und den Geschirrhalter aus Plastik. Er stellte drei Teller auf den Tisch. Wenig Platz hier, sagte Ina. Das Besteck nahm er aus einem Blumentopf, der als Abtropfgefäß auf der hinteren Kante der Spüle stand. Er legte Löffel zu den Tellern. Gläser sind im Schrank, sagte Ina. Die Schranktür war weiß und quietschte, als er sie öffnete, sie hing ein wenig schräg in den Angeln, und Christof fürchtete, sie könnte ihm entgegenkommen, was aber nicht geschah. Ina hatte unterdessen Mais, schwarze Bohnen und passierte Tomaten in einen riesigen Kessel gekippt und gesagt, das Chili müsse noch eine ganze Weile köcheln. Ob er, Christof, schon mal ein Bier wolle? Nein, sagte Christof, er würde lieber Wasser trinken. Da steht der Kasten, sagte Ina. Und als Christof so dasaß und den Geruch des leicht köchelnden Chili wahrnahm, wurde er plötzlich von einem irren Hunger durchflutet, er hatte seit dem Frühstück nichts mehr gegessen, und das Frühstück war schon mehr als spärlich ausgefallen.

Dann hörte er einen Schlüssel, Kai trat ein, begrüßte Christof und fragte ihn, wie es ihm gehe. Gut, sagte Christof, doch, es gehe ihm gut, er könne nicht klagen. Er redete eine Zeit lang in unzusammenhängenden Sätzen, stocherte sozusagen unschlüssig im Gesagten herum, begann von der Messe am Morgen zu erzählen, brach die Erzählung wieder ab, sagte dann, er habe den ganzen Tag am Schreibtisch gesessen, entkräftete die Aussage, indem er sogleich hinzufügte, das sei nicht so wichtig, er wand sich, zierte sich, begann plötzlich

draufloszuerzählen, hielt wieder inne, nahm das Gesagte zurück, wurde dann ruhiger und sagte plötzlich, da gebe es diesen Satz, über den er nachgedacht habe, gestern.
Ina: Welcher Satz?
Christof: Lukas 2,50.
Kai: Ob er sich etwas genauer ausdrücken könne?
Und Christof schilderte den beiden zunächst die Situation im Evangelium, die Pilgerreise, das Wegbleiben des Kindes, die Suche, alles bis zur Frage des Jungen: Wusstet ihr nicht, dass ich in dem sein muss, was meinem Vater gehört? Und danach, fuhr Christof fort, finde sich im Evangelium jener Satz: *Doch seine Eltern verstanden nicht, was er damit sagen wollte.* Was aber, fragte Christof, gebe es daran nicht zu verstehen? Jesus sei in dem, was seinem Vater gehört, im Tempel, der Tempel aber gehöre Gott, folglich sei Gott sein Vater, also er, Jesus, Gottes Sohn. Das hätte den Eltern vollkommen einleuchten müssen, zumal sie von Anfang an ganz genau wüssten, wen sie da großziehen, Maria durch die Offenbarung, Josef durch den Traum, und außerdem erhielten sie ständig Bestätigung von außen, die Hirten, die Weisen, Hanna, Simeon. Es müsse also etwas anderes sein, sagte Christof, das die beiden nicht verstünden. Es müsse, sagte Christof, der Sinn dieser Worte sein, der den Eltern verborgen bleibe, oder vielmehr der Trotz, der in den Worten stecke, das Aufbegehren des Kindes.

Denn, sagte Christof, Maria und Josef wissen zwar von Anfang an, wen sie da großziehen, aber niemand hat ihnen gesagt, *wie* sie ein Kind großziehen sollen, das gleichzeitig ihr Gott ist. Es ist schwer, es vor dem Jungen zu verbergen, denn ihr ganzes Verhalten verrät sie; bei jedem Wort, das Jesus von sich gibt, hören sie andächtig zu, jetzt hat er etwas gesagt, denken sie, oder, sei still, gleich wird er etwas sagen; sie behandeln ihn mit Ehrfurcht und voller Behutsamkeit; in allem, was der Junge tut, vermuten sie einen höheren, ihnen verschlossenen Sinn; niemals weisen sie ihn für irgendetwas zurecht; für alles haben sie Verständnis. Der Junge aber ist zwölf, hat seine Eltern durchschaut, hat genug von ihren leuchtenden Augen und den Samthandschuhen, mit denen sie ihn anfassen, er will endlich das Leben führen, das alle anderen auch führen, er hat genug von der ihm auferlegten Rolle, er will ihnen zeigen, dass sie aufhören sollen, Gottes Sohn in ihm zu sehen, und dieser Junge bleibt einfach im Tempel zurück, ohne sich abzumelden, und als seine Eltern ihn finden, da lehnt er sich zurück und sagt: Ihr sucht mich? Aber warum denn? Wo soll ich schon sein, wenn ihr mich die ganze Zeit behandelt wie Gottes Sohn? Natürlich hier, sagt er, im Tempel, bei meinem Vater. Na bitte, sagt er, das habt ihr nun davon.

11 – CREDO

Die drei saßen am Tisch, das schnaufende Chili auf dem Ofen, zwei Kerzen, deren Flammen leicht zuckten, eine Zeit lang sagte niemand etwas, man trank stumm und wartete, und in diese Stille hinein fragte Ina Christof plötzlich, warum er Priester geworden sei. Christof war zu überrascht von der unerwarteten Frage, als dass er gleich etwas hätte entgegnen können, und so fragte Ina weiter, sie fragte ihn nach einem besonderen Augenblick in seinem Leben, in dem er so etwas wie eine absolute Sicherheit gespürt habe, eine Gewissheit, und Christof griff zum Wasserglas, trank und erzählte, ein wenig stockend, vorsichtig, von seinem weit zurückliegenden Kindheitswunsch, von der ersten Messe, die er mit mir, Paul, im Schuppen seines Vaters gehalten hatte, und schließlich von der Nacht in der Kirche, er beschrieb Kai und Ina die Nacht in all ihren Einzelheiten, er ließ nichts aus, auch nicht, dass er letztendlich keine Gewissheit, keine Sicherheit, keine innere Kraft gespürt und nach dieser Nacht nichts weiter getan hatte als den einmal eingeschlagenen Weg weiterzugehen. Kai und Ina hätten ihn, denke ich, am liebsten gefragt, ob nicht doch etwas geschehen war, in der Kirche, ob er nicht doch etwas zurückgelassen hatte, dort, sie hätten ihn, denke ich, am liebsten gefragt, was denn das Weihnachtsevangelium und die ungehaltene Predigt mit ihm, mit Christof selbst, zu tun hatten, aber sie fragten all das nicht, weil sie vorsichtig sein und ihn, den Priester, nicht vor den Kopf stoßen wollten, weil sie sahen, dass es Christof nicht leicht fiel, über sich selbst zu sprechen. Und um ihn zu schonen, lenkte Ina das Gespräch von Christof weg auf sich selbst, auf das, was sie den *Augenblick* genannt hatte, eine Situation, in der etwas geschieht, einbruchartig, erschütternd, ein Erlebnis, das alles Bisherige, alles Gewohnte, alles Haltgebende ein- und das gesamte Leben des Menschen unwiderruflich herumreißt. Ina erzählte von ihrer eigenen Nacht, von der Nacht, als sie ein Buch aufschlug, dessen Titel sie den beiden nicht nannte, und in diesem Buch einen Gedanken las, eine immense Grundbehauptung. Sie erzählte von ihrer ersten heftigen Reaktion, von ihrer Ablehnung, ihrem Unverständnis, davon, dass sie nichts von dem, was da stand, glaubte, glauben wollte, glauben konnte. Kais Frage, was denn das für ein Gedanke gewesen sei, beantwortete Ina nicht sofort, sie wusste, dass der abstrakte, nackte, in den Raum gestellte Gedanke für die beiden unverständlich bleiben würde, sie wusste, dass sie, wollte sie die beiden für den Gedanken erwärmen, diesen in greifbare Anschaulichkeit würde hüllen müssen. Und so erzählte sie zunächst eine Geschichte, die sie irgendwann im Laufe der letzten zwei Jahre in einem ganz anderen Buch gelesen hatte und die Kai und Christof nun auf jenen Gedanken vorbereiten sollte, eine Geschichte, erstmals aufgeschrieben im 18. Jahrhundert, nacherzählt von einem gewissen Thomas Laqueur, eine wahre Begebenheit hieß es, und Ina erzählte die Geschichte ausführlicher, als sie dort, im Buch, zusammengeschnürt, zu finden ist, aber nicht so ausführlich, wie Christof sie mir erzählt, denn er hat begonnen, zu dem, was er gehört hat, Bilder zu formen, und auch ich muss, ehe ich loslege, zugeben: So wie Inas Worte durch Christofs Kopf gegangen sind, so die seinen durch meinen.

Die Geschichte beginnt damit, schrieb Thomas Laqueur – in einer Fußnote auf seine Quelle verweisend, Jacques-Jean Bruhiers 1749 in Paris erschienene *Dissertation sur l'incertitude des signes de la mort* –, die Geschichte beginnt damit, dass ein junger Aristokrat in einen Orden eintritt. Familienumstände, fuhr Ina fort, haben ihn zu diesem Schritt gezwungen. Was oder wer ihn genau gezwungen hat, sagt Christof, bleibt schleierhaft. Jedenfalls muss er seine Sachen packen, stelle ich mir vor, zum Kloster reiten und an die Klosterpforte klopfen, das Habit überstreifen und mit den Mönchen leben. Dort sitzt er nun, einige Monate lang, eingekeilt in die tägliche Gebetsmühle, die karge Klause, kaum Licht in den hoch gewölbten Gängen, Stille im Refektorium und vor allem die unablässige Auseinandersetzung mit dem Tod in den zahlreichen Gebeten und der allabendlichen Lesung aus dem Nekrologium, dem Totenbuch, aus dem die Namen der am selben Tag im Laufe der letzten Jahrhunderte verstorbenen Mitbrüder verlesen wurden, wir gedenken des Pater Gabriel Bonaventura von Preiß aus Freiburg, verdienter Hofprediger und Novizenmeister, Generalvisitator der Bayerischen Provinz und Beichtvater des Bischofs Kaspar Ignaz von Brixen, er war eine Leuchte an Wissen und Tugend und starb als aktiver Provinzialmeister in Innsbruck anno 1728, wir gedenken des Pater Wilhelm von Ingram in Fragburg und Graben aus Layen in Südtirol, wegen seines apostolischen Eifers wurde er als Missionär nach Rom bestellt, doch erlag er auf der Reise der Malaria in Bologna anno 1707, wir gedenken des Pater Severin Müller von Mellrichstadt in Franken, ein geistvoller und gelehrter Mann, aber noch berühmter wegen seiner Frömmigkeit und Tugend, Lektor der Philosophie und Theologie, er wurde beim Stundengebet nach der zweiten Messe auf der Kanzel von einer Krankheit befallen und starb noch am selben Tag eines überaus erbaulichen Todes in Terlan anno 1644.

Wenn auch Christof und Ina diese Details übersprungen haben, so denke ich doch, dass es sinnvoll ist, sich in die Lage des jungen Mönchs hineinzuerfinden, um das Folgende nachvollziehen zu können, denn es ist unschwer vorzustellen, dass ein junger, noch vor Leben strotzender, vermutlich gegen seinen Willen zum Klosterdienst bestimmter Mann, der diese Gedenkverse allabendlich hört, des Öfteren von tiefem Grübeln ergriffen wird, ein Grübeln darüber, wie einst sein eigener Name von einem der nachfolgenden Mitmönche am Abend verlesen werden wird, ein heftiges, melancholisches Sinnieren über Tod und Sinn setzt ein, ich kann es förmlich vor mir sehen, wie er wachliegt, der Mönch, des Nachts, in der Zelle, sich wälzt, nicht schlafen kann, heimlich durchs Kloster schleicht und aus den Fenstern in den Garten schaut, und wenn man all dies berücksichtigt, kann man verstehen, wie sehr er sich freut, als er nach einiger Zeit den Auftrag bekommt, eine Besorgung zu unternehmen, wie froh und erleichtert er ist, für kurze Zeit aus dem klösterlichen Betrieb herauszukommen, zugleich aber kann man auch verstehen, dass er – durch die tägliche Begegnung mit dem Tod – an diesen gewöhnt und sonach vorbereitet ist für das, was nun geschieht.

Der Mönch lässt sich Zeit bei seinem Ausflug, träumt vor sich hin, bummelt sozusagen, genießt die Sommerfrische und den Wald, durch den er streift, hält öfters inne, bleibt an einem Fluss sitzen und wirft Steine hinein. Da ist es schon spät geworden, und er erschrickt, weil er noch keine Unterkunft für die Nacht hat. Er reist noch ein kleines Stück weiter, ehe er an einen Gasthof kommt und sich einquartiert. Die Wirtsleute aber sind kaum in der Lage, ihn zu empfangen. Völlig aufgelöst stehen sie dem Mönch gegenüber. Was denn los sei, fragt dieser. Die Tochter, sagen die Eltern, sei soeben gestorben, die Tochter, unfassbar, so jung. Und sie suchen Trost beim Mönch. Sie sagen, es sei gewiss der Vorsehung zu danken, dass seine Schritte ihn hierher geführt hätten, ins Wirtshaus, just in dem Augenblick, da die Tochter verschieden sei, ob er nicht helfen könne, ob er nicht Kraft seines Amtes versuchen könne, die Tochter durch Handauflegung wieder zum Leben zu erwecken. Der Mönch aber, bereits ein wenig geschult, theologisch zu tun, ermahnt die Eltern vor Gotteslästerungen aller Art, nur Christus leibhaftig sei in der Lage, sagt er, einen Menschen von den Toten zu erwecken, wie geschrieben stehe in der Heiligen Schrift anlässlich der Erweckung des Lazarus. Trotzdem knien die Eltern nieder und ergreifen seine Hand, so bleib, sagen sie unter Tränen, zumindest die Nacht über bei ihr und wache über ihre Seele, auf dass kein Dämon komme und sie an sich zerre, wache du bei ihr und schütze sie vor der ewigen Verdammnis. Da nickt der Mönch und sagt, vor der ewigen Verdammnis schützen könne er sie zwar nicht, denn richten würde Gott über sie, aber er könne an ihrem Bett wachen und beten und Gott um Erbarmen anflehen für ihre arme Seele. So geschieht es auch. Nachdem der Mönch sich gestärkt und erfrischt hat, betritt er mit zwei Kerzen das verdunkelte Gemach der Tochter, wo sie aufgebahrt in ihrem Bett liegt. Aber als sein Blick auf die Tote fällt, erschrickt er zutiefst. *Sie schläft*, denkt der Mönch, wie kann sie tot sein? Rot ist ihr Gesicht, voll Leben, voll fließendem Blut unter der Haut. Zwar sind die Augen geschlossen, aber doch so, dass sie jeden Augenblick aufspringen und ihn anstrahlen könnten, und jung ist sie, die Verschiedene, die Schlafende, Verwirrung macht sich breit beim am Bett sitzenden Mönch, der die Kerzen neben den Kopf der Toten auf den Tisch stellt und das Mädchen genau betrachtet. Er geht zurück zur Tür und sperrt sie ab. Damit kein Dämon den Eingang finde zum Herzen der Toten, sagt er sich. Dann setzt er sich direkt zu ihr aufs Bett. Beginnt zu beten, aber verheddert sich, wann immer sein Blick auf die Wangen der Toten, der Schlafenden fällt, und so schweigt er schließlich und betrachtet die Frau. Kaum siebzehn mag sie sein. Ist sie wirklich tot? Können die eigenen Augen so sehr irren? Und er blickt sich um, blickt zur Tür, die verschlossen ist, zum Fenster, vor dem Vorhänge zugezogen sind, sieht hinab zur Frau, deren Hände überm Laken gefaltet sind, und er fasst ihren Arm und berührt ihn leicht. Nichts. Er rüttelt stärker. Sie erwacht nicht. Und plötzlich durchzuckt den inneren Leib des Mönches etwas unglaublich Mächtiges, ein Strom, ein reißender, größer werdender, in Fluten um sich schlagender, immer lauter bellender, brüllender, tosender Strom. Schweiß bricht ihm aus. Und eh er sichs versieht, hat er das Laken zurückgeschlagen, und da liegt der tote Körper nun leicht bekleidet vor ihm, Totengewand, sonst nichts, fast durchsichtig im Schimmer der Kerzen, und der Mönch fasst das Mädchen bei den Schultern und rüttelt es kräftig, raunt ihr zu, wach auf, wach doch auf, du bist nicht tot, doch nichts geschieht, der Kopf des Mädchens pendelt leblos am Gelenk des Halses, die Haare fliegen ihr in die Stirn, es ist also wirklich tot, das Mädchen, liegt da vor ihm, so ganz und gar tot und doch lebendig dem Aussehen nach, und schon ist der Mönch zu weit gegangen, hat eine Grenze überschritten, kann sich nicht mehr zügeln und – hier vereinigen wir uns wieder mit Inas Erzählung – der Mönch, sagte sie, nimmt »sich dieselben Freiheiten mit der Toten, die das Sakrament der Ehe ihm mit der Lebenden gestattet hätte«, und zitierte damit Thomas Laqueur, der sich wörtlich an die Aussage des Arztes Jacques-Jean Bruhier hält, die dieser 1749 niederschrieb.

Am nächsten Tag ist der Kater natürlich riesig, das schlechte Gewissen ein unüberwindbarer Berg, der junge Mönch hat nicht nur sein Gelübde gebrochen, er hat sich auch der Nekrophilie schuldig gemacht, und in vollkommen niedergedrückter Stimmung schleicht er aus dem Haus und zurück in den Konvent. Und das Mädchen? Ist natürlich gar nicht tot. Kurz bevor man es in die Erde ablassen will, klopft es von innen an den Sargdeckel, man befreit es, es hat nur im Koma gelegen, jedoch lebt es fortan nicht mehr allein, denn in seinem Bauch wächst ein zweites Leben heran, also Geburt statt Tod, und die ratlosen Eltern stecken das Mädchen nach den Austragungserledigungen in ein Damenstift, wo der junge Mönch, der alles erfährt, es kurze Zeit später entdeckt, befreit, dem eigenen Konvent entfleucht, es ehelicht und sich mitsamt Frau und Kind bis zu ihrem wirklichen Tod durchschlägt.

Ehe Ina fortfuhr, machte sie eine Pause. Sie stand auf, nahm einen Löffel, tauchte den Löffel in den Kochtopf und setzte sich wieder, indem sie die Hand unter den Löffel hielt und auf das dampfende Chili pustete. Sie schlürfte langsam, kniff die Augen zusammen, nickte und erzählte weiter. Weil Christof aber dem, was Ina nun sagte, nicht mehr mit der gebotenen Aufmerksamkeit folgen konnte – das lag zum einen daran, dass sein Hunger von Minute zu Minute wuchs und er immer öfter zum Chilitopf hinüberschielte, zum anderen daran, dass seine Gedanken noch bei der Geschichte waren, die Ina soeben erzählt hatte, und in seinem Kopf Bilder entstanden, die der Geschichte eine lebendige Gestalt verliehen und ihn vom weiteren Zuhören ablenkten –, muss ich an dieser Stelle von einer gewissen Konfusion in Christofs Worten berichten, die mich dazu zwingt, seine, also eigentlich Inas, im Grunde aber Thomas Laqueurs Worte so zu ordnen, dass der einmal abgerollte Zwirn mir nicht aus der Hand gleitet. So könnte also Ina, denke ich, nach der Pause gesagt haben, dass die Geschichte vom nekrophilen Mönch erstmals 1749 von Bruhier aufgeschrieben worden sei, und zwar nur als Fallstudie, um das Phänomen des Scheintodes zu beweisen. Kai könnte daraufhin gefragt haben: Ja und?

Ina: 1752, drei Jahre später, wurde das alles noch einmal neu erzählt, von einem Arzt namens Antoine Louis. Aber ganz anders.

Kai: Wie?

Ina: Er wehrt sich gegen die Scheintod-Auslegung. Er sagt, das ist alles Unsinn. Das kann niemals so stattgefunden haben. Das Ganze, sagt er, ist eine geschickt eingefädelte Täuschung zweier Liebender: des Mönchs und der scheinbar toten Frau. Um dies zu beweisen, stellt Antoine Louis folgende Gedankenkette auf: Fakt ist, die Frau wurde schwanger. Wenn sie schwanger wurde, hätte der Mönch auf jeden Fall ein Lebenszeichen von ihr wahrnehmen müssen. Wenn er ein Lebenszeichen von ihr wahrgenommen und sie *nicht* gekannt hätte, hätte er sogleich die Eltern benachrichtigt. Dann aber wäre es nie zur versuchten Beerdigung gekommen. Folglich muss er sie gekannt haben.

Der Knackpunkt dabei ist folgender: Warum *muss* der Mönch ein Lebenszeichen der Frau wahrgenommen haben, wenn sie schwanger geworden ist? Die Antwort: Weil das die damalige Vorstellung der Medizin war. In jedem medizinischen Handbuch dieser Zeit ist nachzulesen: Eine Frau kann nur dann ein Kind empfangen, wenn sowohl der Mann als auch die Frau, wie es damals beschrieben wurde, »gleichzeitig ein außergewöhnliches Gefühl der Lust und Wonne« durchleben. Wohlgemerkt: beide. Also auch die Frau. *Vor allem* die Frau. Und darauf will ich hinaus, sagte Ina. Denn damals hieß es: Die Frau ist ein raffgieriges, sinnendurchtränktes, lechzendes, mit allen Wassern des Fleisches gewaschenes Geschöpf, das in tierischer Triebhaftigkeit ihresgleichen sucht in der Natur, und deshalb nur kann sich der Mensch vervielfältigen, weil die Frau mit wonnegierender Lust und unkontrollierter Leidenschaft ums Begattetwerden bettelt.

Kai: Ob man das damals so gesagt habe?

Ina: Sinngemäß.

Kai: Wie die Geschichte dann weitergegangen sei?

Ina: Circa 80 Jahre später, im Jahr 1836, tritt ein weiterer Arzt namens Dr. Michael Ryan auf den Plan und erzählt die Geschichte vom nekrophilen Mönch erneut. Er sagt: Was Antoine Louis behauptet, ist vollkommen falsch. Nein, die Geschichte ist wahr. Natürlich ist sie wahr. Sie muss wahr sein. Sie ist genau so geschehen, wie es 1749 der alte Bruhier aufgeschrieben hat. Sie ist ein Beweis dafür, dass eine Empfängnis auch in komatösen Zuständen geschehen kann, der Orgasmus der Frau spielt dafür überhaupt keine Rolle. Denn, hieß es plötzlich, die Frau ist ein leidenschaftsloses, ärmliches, passives, träges, lahmes, schnarchendes Geschöpf, das sich im bescheidenen Heim den gemäßen Aufzuchtstätigkeiten widmet, ohne jedes Gefühl und Verlangen; von konservativer Stabilität, lässt sie die Paarungsrituale des Mannes ohne jegliche Erregung über sich ergehen.

Man müsse sich nun, fuhr Ina fort, klarmachen, wie es zu diesem Wandel gekommen sei. Antoine Louis und seine Kollegen, ja, sämtliche medizinischen Forscher bis zum späten 18. Jahrhundert seien davon ausgegangen, dass es nur *ein* Geschlecht gebe. Man habe geglaubt, Frauen hätten dieselben Geschlechtsteile wie Männer, nur nach innen gekehrt. Das biologische Geschlecht, habe man gesagt, sei bei beiden gleich. Bis zum 18. Jahrhundert habe gegolten: Aus jeder Frau ließe sich prinzipiell ein Mann *herausquetschen*. Mann und Frau seien zwei Punkte auf ein und derselben Skala, *ein* Geschlecht, aber zwei soziale Klassen.

Dann aber, fuhr Ina fort, sei die alte Gesellschaftsordnung zusammengebrochen, Revolution, Fabriksystem, Arbeitsteilung, Feminismus. Bislang feststehende Systeme seien eingestürzt, Bürger aufgestanden, Klassen durchlässig geworden, und man habe die Grenzen wieder neu ziehen müssen, scharf, genau, unmissverständlich, vor allem gegenüber Frauen, die plötzlich angefangen hätten, Rechte einzufordern. Es habe einer klareren Teilung bedurft. Eine bloße Abstufung innerhalb eines einzigen Geschlechts sei zu wenig gewesen, um die Frauen in die Schranken zu weisen. Man habe schwerere Geschütze auffahren müssen. Das bislang gängige Ein-Geschlecht-Modell sei aufgegeben worden. Man habe fortan behauptet, es gebe zwei Geschlechter. Man habe den Unterschied zwischen Mann und Frau in den Leib geschrieben, eingebrannt. Man habe die Zweigeschlechtlichkeit regelrecht *erfunden*. Mit der unbestreitbaren Autorität der Biologie habe man so dem jeweiligen Geschlecht viel besser und eindeutiger seinen Platz in der

Gesellschaft zuweisen können. Das biologische Geschlecht sei erfunden worden, so Laqueur, um dem sozialen eine neue Grundlage zu geben.

Aber immer noch, sagte Ina, plapperten die Menschen ihre Ein-Mann-ist- und Eine-Frau-ist-Sätze heraus und glaubten an das, was sie sagten, glaubten heute, Männer seien, biologisch-hormonell bedingt, vom Trieb getrieben, während Frauen sich, arterhaltend, nach Geborgenheit sehnten; glaubten dies genauso stur, wie Menschen in der Antike das Gegenteil geglaubt hätten, nämlich, dass wahre Freundschaft nur unter Männern möglich sei, weil Frauen in ihrer sexuellen Gier und Lustmolchigkeit dazu nicht fähig seien; sie glaubten dies mit demselben Eifer, mit dem Menschen einst geglaubt hätten, dass eine hysterische Frau wieder zur gesunden, funktionierenden, nicht aus dem Ruder laufenden, braven, hausfraulichen Frau werde, wenn man ihr die Eierstöcke rausschneide.

So, denke ich, könnte Ina ihre geliehenen Gedanken in Worte gekleidet haben, aber sicher bin ich mir nicht. Nur Andeutungen liefert Christof, und ich weiß nicht, wie das Gespräch weiterging und ob es überhaupt ein Gespräch gegeben hat oder ob Ina einfach weiter berichtet hat, über die Sprache, die den Körper erst entzweit, über die sich endlos wiederholenden Bezeichnungen und Benennungen, die uns die Teilung der Körper als das Natürlichste und Unantastbarste erscheinen lassen. Ich weiß nicht, was Christof von alldem mitbekam und worüber er nachzudenken begann, ich weiß nicht, ob er zu diesem Zeitpunkt überhaupt etwas verstand von dem, was Ina erzählte, ich weiß nicht, ob er sich fragte, wo er selbst in dieser Kette der Bezeichnungen stand. Ich weiß nur: Christof erwähnt kein weiteres Gespräch, das sich entsponnen haben könnte, er lässt mich im Dunkeln, er will lieber etwas anderes schildern. Es drängt ihn, zu berichten, was weiter geschah, in dieser Nacht, von dem Augenblick, da Ina und Kai das Chili in die tiefen Teller scheppten, bis zu dem Augenblick, da Christof die Augen schloss und einschlief.

12 – ORATIO FIDELIUM

Ich wachte auf in einem kalt verschwitzten Laken, wusch mich, bekleidete mich, ging hinab, meine Mutter zeigte auf meinen Arm und fragte mich, was hast du da gemacht? Weiß nicht, sagte ich, vielleicht 'ne Wespe. Die Hand war dick geschwollen, ich erinnerte mich an den Stich beim Lesen, an den Tropfen Blut. Meine Mutter sah sich die Sache an, sagte, Vater wird dich zum Arzt fahren. Vater fuhr mich zum Arzt. Er redete vom Wetter und den bisherigen Erträgen der Lese, sagte, ich solle mir keine Sorgen machen wegen der Hand: Wenn ich für den Rest der Lesezeit ausfiele, würde er sich um Ersatz für Christof und mich kümmern. *Christof und mich*, sagte er, und ich fragte ihn nicht, was denn mit Christof sei, warum auch *er* ausfiele, ich fragte ihn nicht, blieb still, sah aus dem Fenster. Da war also endlich etwas gefunden, dachte ich, das ihn aus der Ruhe brachte. Mein Rausch in Carpentreux war ohne Kommentar geblieben, meine Mitteilung den Weinberg betreffend hatte er in bärenhafter Gelassenheit hingenommen. Und jetzt? Was sich nun ereignete, geschah im Verborgenen, geschickt versteckt, ganz so, als folge man einem ausgetüftelten, geheimen Plan. Erst als alles in die

Wege geleitet worden war, setzte man mich in Kenntnis, beiläufig, in einem Nebensatz, als wäre das, was man mir sagte, ohne Belang. Das ergab sich alles wie selbstverständlich, als griffe ein Zahnrad ins andere. Mein Vater hatte mit Christofs Mutter gesprochen. Worüber man gesprochen hatte, blieb im Stillen. Da werden Andeutungen gemacht worden sein. Da werden Vermeidungsstrategien abgewägt worden sein. Da wird man sich an Christofs Wunsch erinnert haben, Priester zu werden. Da wird mein Vater den weinzugeneigten Pater Heyer angerufen haben. Da wird man sich mit dem Direktor unseres Gymnasiums verständigt haben. Da werden Formalitäten in Schnelle und Stille aus dem Weg geräumt worden sein. Ergebnis: Christof saß nach den Herbstferien nicht mehr neben mir in der Schule, sondern im Nikolauskloster.

Und ich? Zugegeben, ich war nicht unglücklich über das Schweigen, ich war irgendwie sogar froh, denn das Schweigen bedeutete für mich Ordnung, Gewohnheit, Ruhe. In ihm gingen alle Fragen, Widersprüche, Aufgewühltheiten unter. Ich konnte mich aufrecht halten, konnte weiterleben, als wäre nichts geschehen, konnte die Lese sogar nach zwei Tagen des Giftabklingens fortführen, kam beim Klauben wieder in meinen Trancezustand, konnte abtauchen, vergessen, glätten. Ich brauchte nicht mehr nachzudenken über das, was an der Kelter geschehen war, ich konnte alles in dem halbdunklen, schattigen Raum belassen, in dem es sich zugetragen hatte. Ich konnte mir vor Augen halten: Die körperliche Anstrengung, das tägliche Abzupfen der Trauben, das ungewohnte Bücken, das Schleppen der Beeren, die gewaltige Mühe, die es uns gekostet hatte, Vaters alte Kelter in Gang zu setzen, dazu der Bienenstich, das Gift, eingeschleust in die Blutbahn, das Gift, dachte ich, vermischt mit der verzehrten Körperkraft, das spiegelt dir Dinge vor, die nicht so sind, wie du sie siehst, die nicht so sind, wie du sie erlebst, die nicht so sind, wie sie wirklich sind.

Aber ich merkte bald, dass all das, woran ich mich festklammerte, all das, was mich mein Leben unverändert weiterführen ließ, den Beigeschmack von etwas fad Zurechtgelegtem hatte. Da war etwas faul an dem, was ich mir ständig beteuerte. Da stimmte etwas nicht. Da stach mich etwas, anhaltend, lang, unangenehm, das ließ nicht locker, das stachelte mich an, mich nicht zu rasch mit dem zufrieden zu geben, was ich mir stets wiederholte. Das sagte mir, in diesem Schweigen geht etwas unter, etwas, das nicht untergehen darf, etwas, das vorm Untergehen gerettet werden muss. Ich wurde unruhig. Meine Selbstbeteuerungen verpufften. Immer mehr verlor der Nebel um die Geschehnisse an der Kelter seine verhüllende Kraft, immer klarer wurde mein Blick auf das, was sich dort ereignet hatte, immer stärker drängte es mich danach, endlich zu fragen, wie es dazu gekommen war und was Christof dazu beigetragen hatte, dass es dazu gekommen war, und was all das zu bedeuten hatte und was all das für Christof zu bedeuten hatte und wie es zu alldem hatte kommen können, obwohl ich Sekunden zuvor meinen Vater an der Tür gesehen hatte.

Eine Woche nach Schulbeginn stahl ich mich von zu Hause fort, ich tat so, als ginge ich zur Schule, haute aber regelrecht ab, stieg in den Zug, hatte gerade genug Geld dabei, um eine Hin- und Rückfahrkarte zu bezahlen, fuhr nach Neupern, kam mittags an, nahm einen Bus und fuhr schwarz zum Nikolauskloster. Das war ein Gebäude mit hohen Fenstern, aber nicht festungsartig, es hatte etwas Offenes, Freies, Luftlassendes, doch als ich an der Pforte nach Christof fragte, ließ man mich nicht hinein. Ich fragte nach Gründen, der Pförtnermönch zuckte mit den Schultern und schüttelte stumm den Kopf. Ich verließ die Pforte, stopfte meine Hände in die Taschen und ging um das Kloster herum, stiefelte eine ganze Weile umher und malte mir die verschiedensten Versuche aus, ins Kloster einzudringen. Über die rückwärtige Mauer springen, durch Keller und Verliese schleichen, Fenster einwerfen, den Mönch angreifen, meine Gedanken wurden immer angespannter, aber schließlich zwang ich mich zur Ruhe und dachte nach. Die Jungen im Kloster waren ja Schüler, sagte ich mir, sie besuchten eine Abendschule. Es muss doch möglich sein, dachte ich, herauszufinden, wo sich die Schule befand. So fuhr ich zurück in die Stadt und fragte mich durch.

Als ich die Abendschule gefunden hatte, war ich reichlich erschöpft und setzte mich auf eine Bank ganz in der Nähe. Es war ein Uhr, das hieß noch eine lange Zeit des Wartens, die auf mich zukommen würde. Neben mir saß ein Junge und rauchte. Ich bat ihn um eine Zigarette. Der Junge war etwas älter als ich. Er kramte in seiner Tasche, ich sah, dass er sie mir nicht gern gab, die Zigarette, ich sah auf seiner Stirn Taschengeldgedanken und die Berechnungen, die er anstellen musste, um sich Monat für Monat genügend Geld fürs Rauchen abzuzwacken. Ich kann nicht sagen, warum ich ihn nach dieser Zigarette fragte, ich hatte noch nie geraucht, ich fragte ihn aber, den Jungen, und er gab mir eine, reichte mir Feuer, und dass ich husten musste, fürchterlich, versteht sich von selbst, denn ich hatte keine Ahnung, was auf mich zukam, vergaß alle Vorsicht, zog gleich die ganze Ladung tief hinab, keuchte den Rauch wieder raus und sah den Jungen verächtlich zucken.

Dann das Warten. Auf das Vorbeigehen der Zeit warten. Zusehen, wie die Sonne schwächer wird. Den Verkehr betrachten, die Abgase der an den Ampeln haltenden Wagen. Fünf Uhr, jetzt dichte Schlangen, Gewühl, Hupen ab und zu, die Menschen kehren zu ihren Familien heim, haben die Arbeit abgebrochen, folgen den Scheinwerferlinien und fahren die Wagen in grau gestrichene Garagen.

Nach Stunden des Aufundabgehens kam endlich der Klosterbus, fuhr auf den nahen Parkplatz, ich lief hinterher, bis er anhielt, die Türen aufschmatzten und die Internatsschüler heraussprangen. Sie waren nicht schwarz gekleidet, wie ich gedacht hatte, sondern trugen ganz gewöhnliche Sachen, blaue Hosen oder braune, T-Shirts oder nicht unschicke Hemden, Frisuren wie alle anderen, nur der busfahrende Mönch am Steuer trug Kutte und Tonsur, auch er stieg aus, ging mit den Schülern Richtung Schule. Unter ihnen musste Christof sein, ich rief seinen Namen. Da sah ich ihn, er blieb stehen, die anderen gingen weiter, der Busfahrer merkte, dass Christof zurückblieb und wartete auf ihn. Ob wir reden könnten, fragte ich Christof. Was machst du hier? fragte er zurück. Können wir reden? fragte ich noch einmal. Der Mönch stand auf der Eingangstreppe und sah zu uns herüber. Schwer, sagte Christof, vielleicht in der Pause. Dann drehte er sich um, ging zur Treppe, und das Portal fiel ins Schloss.

Ich wartete wieder, und von der Kälte, die sich um mich schloss, brauche ich nicht zu reden. Stunden ohne Bewegung. Stehen und warten und nichts zu essen. Die Sonne, die verschwindet und mich in eine finsterkühle Oktobernacht wirft. Das Auf- und Abspringen, das so wenig nützt. Die Arme um den Körper schlagen. Die Finger reiben. Fluchen darüber, keine Handschuhe mitgenommen zu haben. Auf den Oktober fluchen. Die ganze Anspannung auf das Wetter lenken, auf den Kälteeinbruch, auf das Eis, das in der Luft liegt.

Kälter noch als diese Kälte, in der ich stand, scheint

mir nun, wenn ich mich erinnere, das, was Christof sagte, als die Pause ihn mir für drei Minuten vor die Füße warf. Er kam die Treppe hinab auf mich zu und sagte, es gefalle ihm sehr im Kloster, er verstehe sich gut mit den Mitschülern, er genieße die Stille, die dort herrsche. Er sprach sehr leise, und ich musste aufpassen, dass ich verstand, was er sagte, er verzog sein Gesicht nicht, während er sprach, da war nur Nüchternheit in seinen Zügen, die mir die Sprache aus dem Mund schnitt, sodass ich nur nicken konnte, zu allem, was er sagte, ich stand einfach nur da und lauschte auf das, was Christof von sich gab, und es war, als spule er ein Band ab, als rolle er ein Sprachband vor mir aus, das eigentlich nicht zu ihm gehörte, nicht zu mir. Er fragte mich nicht, was ich hier machte, warum ich zu ihm gekommen sei, was ich mit ihm zu bereden hätte, er sprach einfach weiter über seine Kameraden und über die Mönche, über das Leben im Kloster und über die Vorzüge einer Abendschule. Und er glaubte an das, was er sagte. Er machte mir nichts vor. Er log mich nicht an. Und zum Schluss zog er ein Pausenbrot aus der Tasche und reichte es mir. Hier, sagte er, du hast bestimmt Hunger. Dann drehte er sich fort und ging zurück in den Unterricht.

Ich wollte ihm etwas nachrufen, aber meine Stimme blieb im Brustkorb stecken, eingegipst in der Kehle, ich stand da, an der Pforte der Schule, und dachte, verdammt, dachte, warum hast du nichts gesagt. Ich war kurz wütend auf mich selbst, wütend, dass ich hierher gefahren war, ohne herauszubekommen, was ich hatte herausbekommen wollen. Doch die Wut löste sich plötzlich von mir, machte sich selbständig und richtete sich auf Christof, verdammt, dachte ich, drückt mir einfach ein Pausenbrot in die Hand und verschwindet und fragt mich nichts und tut so, als hätte es die Kelter gar nicht gegeben. Nicht noch einmal, dachte ich plötzlich, nein, nicht noch einmal soll er mir mit seinem Schweigen kommen, nicht noch einmal mache ich das mit, soll er doch hier bleiben, im Kloster, in der Schule. Soll er doch tun, was er für richtig hält, ich werde aufhören, ihn zu fragen, ihm hinterherzulaufen. Ich habe getan, was ich tun konnte, ich habe versucht, mit ihm zu reden, und wenn er es nicht will, wenn er es vorzieht, wieder in seiner Abendschule zu verschwinden, dann kann ich ihm nicht helfen. Und hat er nicht gesagt, es geht ihm gut? Na also, dann brauch ich mir keine Sorgen zu machen. Das, was ich wissen wollte, ist nicht mehr wichtig, er redet nicht mehr von dem, was an der Kelter geschah, also ist unwichtig, was dort geschah, vielleicht ist es gar nicht wirklich geschehen, vielleicht ist dort gar nichts geschehen, vielleicht habe ich nur geglaubt, es sei etwas geschehen, etwas, das es gar nie gegeben hat.

Ich schlug den Kragen hoch, ging zur Bushaltestelle, setzte mich im Bus ganz dicht an die Heizung, fuhr zum Bahnhof, wartete auf den Zug, stieg ein, quetschte die Hände zwischen die Oberschenkel, kehrte heim, ließ mir für meine ungewöhnlich lange Abwesenheit irgendeine Ausrede einfallen, die man mir, was mich wunderte, ohne zu fragen, abkaufte, legte mich ins Bett, schlief die ganze Nacht nicht, ließ am nächsten Tag mit verrotztem Gesicht den Arzt kommen, der mich krankschrieb, wartete, bis ich gesund war, ging zur Schule, als sei nichts geschehen, ging auf dem Weg zur Schule an einem Zigarettenautomaten vorbei, kaufte mir Zigaretten, rauchte und machte – Jahre später – das Abitur.

In diesen Jahren sah ich Christof nicht mehr, hörte nichts mehr von ihm, er auch nicht von mir, erst bei der Beerdigung meines Vaters – und die fand viele Jahre später statt – trafen wir uns wieder, überhaupt, mein Vater kümmerte sich rührend um mich, im Abiturjahr zum Beispiel weckte er mich jeden Morgen, stellte mit mir einen Lern- und Arbeitsplan zusammen, hörte Vokabeln ab, half mir in Biologie, nahm mich, um mir zwischendurch einmal ein Abschalten zu gewähren, mit auf Ausflüge, zu Fußballspielen. Er redete viel über meine Zukunft, sprach bei jeder Gelegenheit von dem, was er mir schon einmal gesagt hatte, nämlich, dass es *mein* Leben sei, das ich zu führen, dass *ich* derjenige sei, der darüber zu entscheiden hätte, was ich tun wolle, dass ihm nichts ferner liege, als mir den Weinberg und die damit verbundenen Pflichten aufzuschwatzen, dass ich ihm klipp und klar sagen solle, was ich wolle, ob studieren oder Handwerk oder etwas ganz anderes. Jura, sagte ich, und mein Vater war begeistert. Nein, sagte ich zwei

Wochen später, Medizin. Kein Problem, sagte mein Vater. Nach dem Abitur entschied ich mich für Sinologie und Geschichte. Mein Vater schluckte auch das. Und Berlin, sagte ich, ich wolle nach Berlin. Daran musste er freilich knabbern, ich merkte es, er beriet sich mit meiner Mutter. Berlin, sagte er mir, das sei so weit weg, warum ich denn keine der renommierten Universitäten in der Nähe bevorzuge oder gar eine benachbarte französische? Ich wolle aber, sagte ich, nach Berlin, und als ich merkte, wie schwer es ihm fiel, mich wegzulassen, kam ich ihm auf halbem Weg entgegen und sagte, es ist ja nur für zwei Semester, ein Jahr, dann, versprech ich dir, lass ich Berlin hinter mir.

In Berlin verfiel ich nach kurzer Zeit dem Größenrausch, ergötzte mich an dieser Stadt, an den neu gefundenen Dimensionen, am quadratkilometergroßen Unterschied zum engen Weinbergstädtchen, ein Unterschied, der mir noch nicht groß genug war, denn nach einem Jahr erfüllte ich das meinem Vater gegebene Versprechen (sicher anders, als er es sich vorgestellt hatte) und verließ Berlin Richtung Amerika (ich tat alles denkbar Mögliche und ergatterte ein Stipendium), und erst dort, nach geglückter endgültiger Abkopplung vom Elternhaus, nach sich mählich entwickelnder Eigenfindung, nach Bekanntschaften mit anderen Menschen, mit Menschen, die nichts mit den Menschen zu tun hatten, die ich kannte, erst da begriff ich, was sich abgespielt hatte, an der Kelter und in der

Zeit davor und danach, erst da erzählte ich alles meinem damaligen Freund und schlitterte in einen Zorn gegenüber dem, was mir damals, wie ich empfand, *angetan* worden war, ein Zorn gegenüber allem Schweigen, Vernebeln, Nichtaussprechen, Verhüllen, gegenüber allem Falschen, Verbogenen, Schiefen, gegenüber allem Nichtdulden, Nichtsehen, Nichtsehenwollen. Mein Zorn ließ mich gar nicht erst versuchen, mit meinen Eltern zu reden. Nein, ich schrieb ihnen Postkarten, drei Stück, das waren derbe Postkarten, beschreibende Postkarten, Postkarten über all das, was ich in Amerika begonnen hatte, mit einem Mann zu tun, offene Postkarten, für den Briefträger nicht zu überlesende Postkarten, Postkarten, denen ich immer noch einen Gruß an den Briefträger beifügte, guten Tag, Herr Martin, schrieb ich, ich hoffe, es geht Ihnen gut, grüßen Sie Ihren Stammtisch von mir. Es war nicht so, dass ich meine Eltern verletzen, ihnen weh tun wollte, nein, ich wollte ihnen schlicht zeigen, in was für einer Welt ich lebte, ich wollte sie zwingen, sich die Dinge *vorzustellen*, die ich tat, meinen für sie so unbegreiflichen Lebenswandel. Die Zeiten des Schweigens waren vorüber. Und eine milde Akzeptanz, geschöpft aus dem Unwissen darüber, wie ich lebte, wollte ich gar nicht erst aufkommen lassen, nein, ich wollte, dass sie *alles* wussten. Sehr bald aber hatte ich den Zorn aus mir herausgeschrieben, hatte mich wutleer geschrieben, und es stellte sich ein schlechtes Gefühl ein, wenn ich an die Postkarten dachte, es kam so weit, dass ich mir wünschte, sie zurücknehmen zu können. Ich hatte es ja jetzt geschafft, dachte ich, ich lebte ja jetzt so, wie ich leben, tat jetzt das, was ich tun wollte, hatte alles ausgesprochen, was nicht ausgesprochen worden war. Warum also sollte ich nachträglich noch Kämpfe austragen?

So griff ich nach langer Zeit wieder zum Telefonhörer. Schon beim ersten Wort meiner Mutter begriff ich, was ich angerichtet hatte. Anfangs konnte sie kaum einen Satz zu Ende bringen, sie gab sich Mühe, freundlich zu klingen, jedes Wort schien von einer Angst durchdrungen, etwas Falsches zu sagen. Und je mehr sie sprach, umso deutlicher merkte ich, dass da etwas in ihrer Stimme schepperte, sie rügte mich nicht, sie machte mir keine Vorwürfe, sie versuchte auch nicht, mir Gewissensbisse unterzujubeln, aber mit jedem Wort, das sie von sich gab, mit jedem Zittern ihrer Stimme nahm meine Traurigkeit zu, und am Schluss sagte ich ihr, dass es mir Leid tue, und sie sagte, ich verstehe dich ja, es ist gut, Paul, wir wollen die Sache auf sich beruhen lassen, wann kommst du nach Deutschland? Damit hatte ich nicht gerechnet, und ich sagte, ich weiß es nicht.

Ich meldete mich nun häufiger, sprach offener, interessierte mich für die Arbeit im Weinberg, die Weine, fragte ich meinen Vater am Telefon, wie werden sie in diesem Jahr? Er erklärte es mir, dabei hustete er ungewöhnlich oft, ich fragte ihn, ob er erkältet sei, er verneinte, er wisse es nicht, vielleicht habe er einen Frosch im Hals. Ich schrieb ihnen auch, diesmal Briefe, züchtig, kann man sagen, verhalten, meinen Freund nur kurz erwähnend, in einem Nebensatz, als Erinnerung sozusagen, ansonsten über mein Studium, meinen Alltag, die Situation in Amerika. Bald aber begann ich zu merken, wie all das nicht reichte, wie mich irgendetwas zurücktrieb, nach Deutschland drängte, wie mich das Gefühl beschlich, etwas gutmachen, etwas wieder gerade biegen zu müssen, und in dieses Gefühl hinein, in die Unsicherheit, in beginnendes Umschauhalten nach einem möglichst günstigen Flug, da krachte es plötzlich auf eine Weise mit meinem Freund, wie ich es seitdem nie wieder in einer Beziehung habe krachen hören, sodass ich kurzerhand meine Sachen zusammenraffte, zum Flughafen fuhr und in die nächste Maschine stieg.

Ich ging den Weg zum Weinberg zu Fuß. Ging am Wasser vorbei. Blieb am Ufer stehen, die Mauern an den Trassen leuchteten, die Sonne stand hoch. Der alte Jolle hatte in seiner versponnen nostalgischen Art öfter von den drei Sonnen des Weinbergs geredet. Die erste Sonne, sagte er, ist die Sonne, die da oben am Himmel hängt, die zweite Sonne ist ihr Spiegelbild im Wasser, auch von da, sagte der alte Jolle, bekommen die Reben ihr Licht, reflektiertes Licht, sagte er, besonders günstiges Licht, genauso wie das Licht der dritten Sonne, die auf den Mauern hockt, die den kürzesten Weg zu den Reben hat, die von den Mauern springt, zwischen die Weinstöcke. Und nur weil es drei Sonnen gibt, sagte

Jolle, sind unsere Weine so, wie sie sind. Deshalb lauschte ich als Kind oft genug dem Wetterdienst, saß dort und wünschte mir die Sonne herbei, betete, dass es nicht zu kalt werden würde, bat darum, dass die Wolken fortblieben, und war jedes Mal enttäuscht, wenn mein Bitten nicht erhört wurde. *Wenn* es aber erhört wurde, *wenn* die Stimme aus dem Funksprecher genau das Erhoffte verkündete, dann eilte ich die Treppen hinunter zu Jolle, rief schon von weitem, die Sonne, es wird Sonne geben, die ganze nächste Woche soll es Sonne geben, heute schon wird es losgehen.

Ich hatte noch den Schlüssel, ging über den Hof hinein, sah niemanden, schloss die Tür auf, rief nicht, stieg hoch in mein altes Zimmer. Was hatte ich erwartet? Mein Bett? Meine Poster an den Wänden? Alles säuberlich geputzt, von der Mutter instand gehalten? Nein. Man hatte die Möbel ausgetauscht. Da stand jetzt ein massiver, kleiner Kleiderschrank, ein stabiles Etagenbett, da war ein neuer Läufer auf dem Boden, zwei Sessel, davor ein Tischchen, zwei Kommoden an der Wand. Statt meiner bunten Tapete weiße Raufaser. Da war alles leer, unbewohnt, stand quasi offen. Ein Zimmer, dachte ich, für die Aushilfsarbeiter, die während der Lese hier wohnten.

Ich ging hinab in den Weinkeller und hörte dort meinen Vater am Gärbottich. Den ganzen Flug über hatte ich mir ausgemalt, wie es sein würde, ihm gegenüberzustehen, hatte innere Reden geschwungen, hatte in diese

Reden Entschlossenheit gelegt, ihm alles zu sagen, was in mir vorging, hatte mir vorgenommen, ihn an das zu erinnern, was er mir, bevor ich nach Berlin gegangen war, gesagt hatte, an seine Worte darüber, dass ich *mein* Leben führen sollte. Genau das, Vater, wollte ich ihm sagen, tue ich. Genau das, was ich glaube, tun zu müssen, tue ich. Und wenn, Vater, nur ein einziges Wort von dem stimmt, was du mir damals gesagt hast, so wirst du einverstanden sein mit dem, was ich tue, mit der Art und Weise, wie ich lebe, und genau darum bitte ich dich: dass du es verstehst. Und so ging ich die Treppen hinab, sah ihn drüben stehen, mir mit dem Rücken zugewandt, ging auf ihn zu, immer noch hatte er mich nicht gehört, sodass ich schließlich hinter ihm stand und sagte: Vater. Der drehte sich um und bekam Augen, trat einen Schritt vor und zurück, griff sich an die Brust, kippte nach vorn und schlug auf dem Boden auf, ungeheuer, das Fleisch.

13 – OFFERTORIUM

Komm, sage ich, ich zeig dir den Weinkeller. Wir stehen auf, ich öffne die Tür, die Angeln quietschen ein wenig, es gibt kein Licht, wir haben beide eine Kerze in der Hand. Einen Moment bleibe ich am dunklen Loch der Tür stehen, ziehe die Luft durch die Nase, dann gehe ich, langsam. Christof folgt mir, die Kerzenflamme flackert leicht, ich drehe mich um, Christof schließt die Tür. Die Stufen sind aus grauem Stein, ein Geländer fehlt, und meine freie flache Hand fährt an der Wand entlang. Ein wenig Wachs rinnt an der Kerze hinab und trocknet auf dem Hautsack zwischen Daumen und Zeigefinger. Unten hebe ich die Kerze hoch zum Hygrometer: 73,3%. Ich zeige auf das kleine Wasserbecken an der Wand. Ich sage, ich muss Wasser nachfüllen. Holzkohle? fragt Christof. Ich sage, drüben. Er sagt, Erschütterungen? Ich sage, keine. Einen Augenblick stehen wir in der Mitte des Kellers. Unsere Augen greifen immer besser durch die Dunkelheit. Sein Arm, im blauen Hemd, liegt dicht neben meinem, ich beuge meinen Oberkörper ein wenig zu ihm hin. Christof bleibt stehen. Kein Geräusch. Nur die winzige Lüftung. Man ahnt die Luft eher, als dass man sie hört. Christof schaut sich die Weine an. Wir sprechen nicht. Dann trete ich an das Regal mit den großen Roten. Es ist ein Holzregal. An der Decke Fliegenstreifen. Keine Korkmotten. Ich deute auf eine Flasche in der Mitte, Christof hebt die Kerze hoch, neigt den Kopf ein wenig zur Seite und versucht, das Etikett zu lesen. Er sagt, heute? Ich sage, heute. Er sagt, jetzt? Ich nicke.

Es ist alles leicht, Dunkelheit, Kerzen, Wein, noch liegt die Flasche im Regal, noch haben wir sie nicht herausgezogen, noch ist sie unberührt vor unseren Augen, kaum Staub auf dem Glas, das Etikett oben, der Korken, das Wachs, die Kapsel, ich gehe in die Knie, im untersten Regal stehen zwei Dekantierkörbchen, ich nehme das eine heraus, geflochten, fest, weich, Christof hat seine Kerze neben das Regal gestellt, ich reiche ihm das Körbchen, stelle meine Kerze zu seiner, lege meine rechte Hand an den Flaschenhals, Christof hält den Korb vor die Flasche, meine Linke lege ich sacht unter den Flaschenbauch, jetzt hebe ich die Flasche an, hebe sie leicht in die Höhe, ziehe sie langsam heraus, Stück für Stück, ich richte die Flasche nicht auf, ich lege sie in den Korb, sie bleibt waagrecht, ich nehme die Kerzen, wir bleiben noch einen Augenblick stehen. Ich gehe zur Treppe, halb Christof zugewandt und leuchte ihm, beleuchte den Boden, die Stufen, Christof hält den Korb, der Wein bewegt sich nicht, liegt ruhig, als wäre er nicht flüssig, sondern ein harter, zäher Klumpen. Oben öffne ich die Tür. In der Wohnung Dämmer.

Christof hat den Korb auf den Tisch gestellt und sitzt auf dem Sofa. Warte, sage ich, ich hole ein Messer. Ich räume die leeren Flaschen fort, halte die Windungen des Korkenziehers unter die Wasserleitung, trockne ihn ab, hole zwei neue Kelche, Apfelform, gehe zurück, setze mich neben Christof. Wir schauen eine Weile auf den Wein. Ich beuge mich vor und nehme das Messer, klappe es auf, halte es Christof vor Augen. Willst du? frage ich. Er nickt und nimmt mir das Messer aus der Hand, setzt es an den oberen Flaschenhals, löst das Wachssiegel, tut es behutsam, dann die Kapsel, schneidet sie ab, unterhalb des Flaschenrings, entfernt das Metall, legt es neben sich aufs Sofa. Ich nehme den Korkenzieher und setze die Spitze an. Christof hält den Korb fest. Nun hinausziehen, Stück für Stück, langsam, er löst sich gut, sitzt locker, noch eine Winzigkeit, noch ein kleines Köpfchen im Flaschenhals. Ich stelle die Gläser zurecht. Die Uhr schlägt. Ein Kirchturm. Ich ziehe ihn heraus.

Luft fährt in die Flasche und durchspült den Wein in einem kurzen Moment, denn Christof hat den Korb genommen, hat den Korb mit beiden Händen fest umklammert, und durch die Flechten des Korbs hindurch die Flasche, er gießt den Wein in die Gläser, langsam gießt er, und doch ist jede seiner Bewegungen präzise, und während er gießt, führe ich den Korken an die Nase, da ist etwas, kein Korkgeruch, etwas anderes, kaum wahrnehmbar, Christof sieht mich an, schnell, sage ich, und Christof gießt weiter ein, so langsam er muss, so schnell er darf, er setzt den Korb ab, etwas zu hart, er verzieht die Lippen, wir nehmen die Gläser vom Tisch, wir werfen nur einen kurzen Blick auf die Farbe, nur kurz, ein sattes Braun, ein nie gesehenes Braun, ein Braun, das sich verändert, das, während wir zuschauen, dunkler wird, man kann es nicht sehen, aber wir wissen es, wir ahnen es, wir halten die Gläser nur kurz an die Nase, tausend Gerüche zucken vor unseren Gesichtern, kein Geruch bleibt, alle vergehen im Augenblick, ehe wir trinken, wir haben keine Zeit für Gerüche, wir müssen trinken, wenn wir jetzt nicht trinken, denke ich, und wir tun es, wir trinken, wir verzichten auf die Gerüche, die nie wieder einzufangen sind, wir heben die Gläser hoch und nehmen den Wein auf die Zunge, und vergessen ist jeder Geruch, wir halten die Flüssigkeit im Mund, wollen keine Sekunden verlieren, in denen der Geschmack auf unsere Zungen schlägt, da sitzen wir und halten die Gläser in Händen und reißen die Augen auf und halten den Mund fest geschlossen, und ich lege die Rechte ihm aufs Knie, und er schiebt seine Hand in meine, und wir nicken uns zu und schlucken den Wein hinunter, warten und sehen uns an und vergessen mitzuzählen, wie lange der Geschmack im Mund bleibt, bis endlich Christof das Schweigen bricht und sagt: Todessüße.

14 – SURSUM CORDA

Er könne sich, sagt Christof, ganz genau an den Abend, oder besser gesagt, an die Nacht erinnern, in welcher er mit Kai und Ina aufgebrochen sei, am Tag seiner ungehaltenen Predigt, nachdem man gemeinsam das Chili zu sich genommen hatte, und er wolle mir nun, so präzise wie möglich, diese Nacht und das, was in ihr passiert sei, schildern.

Ina verwendete, um dem Chili die angemessene Schärfe zu verleihen, selbst gezüchtete Peperoni, die sie auf dem Balkon in kleinen Blumenkübeln anpflanzte. Sie waren so scharf, dass eine halbe Schote für einen Pott Chili vollkommen gereicht hätte. Ina hatte es sich aber nicht nehmen lassen, nach Christofs Anruf eine *ganze* Schote in den Topf zu schnippeln. Und Christofs Hunger war inzwischen so groß geworden, dass er ohne Vorsicht einen vollen Löffel zwischen die Lippen schob und das Chili hinunterschluckte. Im selben Moment war ihm, als würde sein Gesicht von innen platzen. Er rang kurz nach Luft, tat dann aber so, als wäre nichts passiert, aß hungrig weiter, und einige Löffel später fühlte sich seine Zunge bereits an, als hätte man sie mit einer Rasierklinge aufgeschlitzt. Auf seine Stirn traten

Schweißtropfen. Kein Wasser, sagte Ina, als Christof einen großen Schluck Wasser nahm, Wasser, sagte sie, macht nur noch durstiger. Dennoch stürzte Christof das Wasser hinunter und hatte das Gefühl, als zische es in ihm. Brot, sagte Kai, Brot ist gut, Brot nimmt dem Chili die Schärfe. Doch Christof trank weiter vom Wasser, während er aß. Du brauchst es nicht zu essen, sagte Ina, wenn es zu scharf ist. Nein, sagte Christof und schaufelte Löffel um Löffel des Chili in sich hinein, er aß unermüdlich, er aß den ersten Teller und noch einen, er rupfte zwischendurch Brotfetzen vom Baguette und stopfte sie sich zwischen die Zähne, zerkaute das Brot und blickte, während er kaute, auf das im Teller wartende Chili, grub den Löffel, während er kaute, wieder neu in die Pampe und aß, als er das Brot weggeschluckt hatte, weiter, nicht schnell, nicht rasend, nicht gierig, aber stetig, langsam, rhythmisch, als wären seine Arme Teil einer präzis ablaufenden Maschine, die in genauen Abständen den Löffel wie ein Mühlrad in den Teller senkte, hochkurbelte und den Inhalt des Löffels auf die Zunge kippte, genauso aß er, löschte ab und zu das Gegessene mit ganzen Gläsern Wasser ab, Tränen traten ihm ins Gesicht, liefen ihm die Wangen hinunter, hummerrot wurde er und schwitzte und öffnete den Kragen, tupfte sich endlich die Lippen ab, lehnte sich zurück und atmete aus, einem Drachen gleich.

Er fühlte sich angenehm leicht und wohlig. Er hatte mit Kai und Ina das Chili gegessen, die beiden hatten ihn gefragt, ob er gegen später noch mit ihnen weggehen wolle, sie hatten gesagt, irgendwohin, und er hatte ja gesagt, und so würde er bald mit ihnen das Haus verlassen, ohne zu wissen, wohin und was ihn dort, wo sie hingingen, erwarten würde, aber er wusste, *dass* er mit ihnen gehen würde, und das war gut. Er hatte seine Predigt gehalten, hier, bei ihnen, in Kais Dreizimmerwohnung. Er hatte Ina zugehört, er hatte neue, ihm unbekannte Worte aufgenommen, Vorstellungen, die noch etwas farblos und unwirklich in ihm kreisten, aber dabei waren, Gestalt anzunehmen.

Und als Christof nun dort saß, in der Küche, mit Ina und Kai, drei Teller Chili und Unmengen Wasser im Magen, als er die beiden ansah und mit ihnen sprach, da nahm er plötzlich das, was er wahrnahm, anders wahr, als er es je zuvor wahrgenommen hatte, schöner schien es ihm, die Brotkrümel neben seinem Teller, die Kerzen, die auf dem Tisch standen, die Musik, die lief, die Nachtspeicherheizung, die ein schnatterndes Geräusch von sich gab, Kai mit seinen kurzen Haaren und Ina im herabgedimmten Licht. Dann ging er ins Bad und war wie beschwingt, er war kurz davor, zu singen, ein Wort war plötzlich auf seinen Lippen, das Wort *köstlich*, er dachte an die Osternacht und an den von ihm geliebten Vers, den er zu singen hatte, wenn er die riesige Osterkerze in das Taufbecken tauchte, *aus dem köstlichen Wachs der Bienen bereitet*, und als er sich nun die Hände wusch und nach dem Handtuch Ausschau hielt, da tat er es einfach und sang. Da vergaß er Ina und Kai, die in der Küche saßen und zuhörten und sich vielleicht fragten, was er in ihrem Badezimmer tat. Er sang weiter, als er sich Wasser ins Gesicht warf. Das Handtuch, in das er sein Gesicht grub, war nass, aber es machte ihm nichts aus, er sang weiter, ging durch den Flur und trat zurück in die Küche.

15 – SANCTUS

Später am Abend verlor sich sein Gefühl zunächst, denn er sah beschmierte Fettwände, Pfützen auf der Treppe und drei Besoffene längs der Wand. Ina, Kai und Christof schoben sich vorbei und gingen die Stufen hinunter. Da rein? fragte Christof. Da rein, sagte Ina, nahm ihn bei der Hand und zog ihn mit sich. Das war ein riesiger Kellerraum mit Stickigkeit und Hitze, ohne Fenster, es gab kaum Licht, nur ein karges Flackern. Christofs Augen fraßen sich langsam durch den Dämmer, erkannten dann Schatten, Menschen, die um die Tanzfläche standen, als würden sie auf etwas warten. Jemand rief ihm plötzlich etwas zu. Das war Ina. Sie hing dicht an seinem Ohr, ihr Kinn lag auf seiner Schulter, Christof wandte ihr die Wange zu, Ina schrie ein zweites Mal, doch Christof verstand sie nicht. Sie rückte noch näher, drückte sich an ihn. Willst du was trinken? rief sie. Christof nickte. Wasser, sagte er. Was? schrie Ina. Christofs Mund war jetzt dicht an ihrem Ohr, er sah, wie sein Atem, als er das eine Wort Wasser schrie, ihr Haar ein wenig fortwehte. Ina nickte und verschwand, und als Christof sich umsah, konnte er Kai nirgends entdecken. Aber er blieb dort stehen, wo Ina und Kai ihn zurückgelassen hatten, an genau derselben Stelle, auch wenn es, wie er bald merkte, keine günstige Stelle war, da ihn ein Mann, der an ihm vorbei wollte, anrempelte und irgendein Wort in seine Richtung zischte. Ich bleibe stehen, dachte Christof, ich bleibe einfach hier stehen und warte darauf, dass die beiden zurückkommen, was, dachte er, soll ich sonst tun, als auf sie zu warten?

Er schloss die Augen. Da war das Dröhnen, das ihm im Bauch lag, der Bass, hart, abgehackt, das Schlagzeug, das sich dem Bass anpasste, ab und zu ein kurzer Bruch, schnellere Schläge, dann wieder das Zurückfallen ins Maß, und Christof presste sich die Hände auf die Ohren. Die Nase war ihm vom Rauch verstopft. Er atmete durch den Mund, der langsam austrocknete, schluckte ab und zu und zog Speichel aus der Kehle herauf, um die Innenseiten der Wangen zu befeuchten. Er fuhr sich mit der Zunge durch den Mundraum. Hoffte, dass Ina bald das Wasser bringen würde.

Hinter ihm stand plötzlich Kai, tauchte aus dem Dunkel auf, beugte sich zu ihm, nahm ihm die rechte Hand weg, die Christof immer noch am Ohr hielt, schrie ihm etwas zu, lachte, während er schrie, und begann auf ihn einzureden, die Lippen dicht an Christofs Ohr, machte hin und wieder Pausen, um sich zu vergewissern, ob Christof verstand, was er sagte, dieser nickte stets, auch wenn die Hälfte des Gesagten ungehört verscholl. Kai wippte, während er schrie, wippte auf und ab und sah an Christofs Kopf vorbei auf die

Tanzfläche. Als Ina zu ihnen trat, nahm Christof ihr den Plastikbecher ab, führte ihn an den Mund und trank, nein, füllte den Mund aus, spülte sich den Mund durch, ließ dann das Wasser die Kehle hinablaufen, goss sich den Rest aus dem Becher in den Schlund, kippte alles weg, und als der Becher leer war, sagte er, er hole neues und ging in den Nebenraum, an Spielautomaten vorbei, zur Theke. Dort war es leiser.

Christof trank. Er trank nichts als Wasser, trank weiter, als sein Durst längst gelöscht war, bestellte Becher um Becher, trank sie leer und ließ die Becher kurz in der Hand quieken, ehe er sie zurückgab. Dann ging er zur Toilette. Auf dem Boden waren Lachen, und zwei Männer standen an der Rinne, sie hatten ihre Reißverschlüsse aufgerissen und spuckten in die Rinne, der eine, indem er Rotz von tief im Innern auf die Zunge schnorrte und fortspie, dass er ins Wasser klatschte, der andere, indem er einen Speichelfaden von den Lippen seilte, der sich zäh zog und endlich riss und fast unhörbar herabglitt. Wieder im Tanzraum, an der Stelle, an der er zu Beginn gestanden war: keine Spur von Kai und Ina. Christof sah sich um, trat einen Schritt zur Seite, nach vorn, nach hinten, schaute in den Raum mit der Theke und den Spielautomaten. Nichts. Eine plötzliche Angst überfiel ihn, die beiden könnten gegangen sein. Was, dachte er, wenn die beiden gegangen sind? Aber warum, dachte er, sollten sie gegangen sein? Warum, dachte er, sollten sie ihn hier zurückgelassen haben?

Ihn, der sich nicht auskannte, für den alles neu war? Doch seine Unruhe wuchs. Kannte er sie überhaupt? Waren sie ihm nicht vollkommen fremd? Wie oft hatte er sie getroffen? Einmal? Zweimal?

Und dann sah er sie. Auf der Tanzfläche. Sie hingen aneinander und tanzten, tanzten langsam, sie machten kaum einen Schritt. Es ist ein Wiegen, dachte er, der eine wiegt den anderen, sie wiegen sich gegenseitig, kaum wahrnehmbar, die Wangen fest aneinander gepresst, die Hände im Rücken des anderen. Er sah ihre Gesichter nicht, er sah ihre Augen nicht, die Augen, dachte er, werden geschlossen sein. Er sah nur den einen Körper, den sie bildeten. Da hörte er die Musik nicht mehr, da sah er die Menschen nicht mehr, da war das Gefühl wieder, das ihn hatte singen lassen, in Kais Wohnung, vor wenigen Stunden. Das Gefühl schwoll an in ihm, es griff sich Christof und schob ihn zur Tanzfläche hin, auf die beiden zu. Bei ihnen sein, dachte Christof und achtete nicht darauf, wohin er ging, er nahm nichts wahr, keine schwarzen Kleider, keine Menschen, keinen Gestank, alles war ausgeblendet, nur noch die beiden sah er, Kai und Ina, in Berührung, bei sich, dort, nah, er ging einen Schritt, einen zweiten, die Musik war gelöscht, Stille wie im Tabernakel.

16 – HOC EST ENIM CORPUS MEUM

Da traf ihn ein Faustschlag mit voller Wucht in den Magen. Christof fiel zu Boden, schaute halb betäubt empor, sah einen Mann, der ihn packte und hochzog und nochmals schlug. Christofs Lippe platzte auf, aus der Nase schoss Blut. Andere Menschen warfen sich zwischen sie. Christof lag da und sah Beine, die um ihn standen, Kai und Ina kamen, Kai hielt Christof die Arme hoch, Ina nahm ein Taschentuch und tupfte ihm das Gesicht ab. Christof beruhigte sich, doch Luft floss ihm nur langsam in die Lungen. Er sah zu Ina, zu Kai und sagte, ich will hier raus. Zusammen zogen sie ihn hoch, packten ihn unter den Achseln, und seine Arme lagen auf ihren Schultern, auf Inas Schultern, auf Kais Schultern. Ina war kleiner als Kai. Kai schnaufte ein wenig. Inas Haare waren lang, und wenn er sich hinüberbeugte, war ihre Wange nah. Kai roch gut. Rasierwasser? Nein, unrasiert, Stoppeln. Ina fragte Christof, ob er ins Krankenhaus wolle. Nein, sagte Christof, es gehe schon besser, er müsse nur ein wenig dastehen und Luft holen. Aber Ina sagte, er, Christof, müsse mitkommen. Zu ihnen. Sie wolle ihn versorgen, verarzten. *So*, sagte Ina, lasse sie ihn nicht gehen.

Christof setzte sich zu Kai und Ina ins Auto und konnte nicht erklären, was genau geschehen war, warum der Mann ihn geschlagen hatte, konnte nicht sagen, ob er, Christof, im Weg gestanden war oder ob er den Mann versehentlich angerempelt hatte oder ob der Mann einfach nur betrunken gewesen war. Kai fuhr schnell, während Ina und Christof auf der Rückbank saßen, draußen hatte ein Schneeregen eingesetzt, und ab und zu tropfte Blut aus Christofs Nase, er hatte ein Taschentuch in den Händen, das war rot inzwischen, ein wenig schwindlig war ihm, sein Magen fühlte sich an, als hätte er etwas Falsches gegessen, er hustete manchmal. Gemeinsam führten Kai und Ina ihn die Treppe hoch, stopften ihm Watte in die Nasenlöcher, klebten kleine Pflaster auf die Wunden im Gesicht, fragten, ob er noch Schmerzen habe, und kochten ihm Tee, nein, Wasser, sagte Christof und trank.

Später dann Ruhe. Christof lag auf der Couch im Wohnzimmer, nebenan die Körper von Ina und Kai im Bett, die Wand dazwischen, und Christof musste noch zweimal ins Bad, lag dann in der Nacht und lauschte. Da war nichts zu hören. Eben, dachte Christof, hörte ich noch, wie sie ihre Schuhe auszogen, wie Kai seine Stiefel mit hartem Geräusch in die Ecke stellte, erst den einen, dann den anderen. Eben hörte ich noch, wie das Parkett knarrte, als einer durchs Zimmer ging. Eben hörte ich noch die Schranktür, als jemand sie öffnete und etwas herausnahm. Eben hörte ich noch das Schließen des

Fensters und den Rollladen, der surrte. Eben hörte ich noch, wie das Bett, in das sie sich legten, kurz knarzte, bis sie die Stellung gefunden hatten, in der sie schlafen wollten. Dann hörte ich nichts mehr.

Keine Berührung.

Er sagte es in die Dunkelheit des Zimmers hinein, und dann noch einmal, zu sich selbst: Berührung. Nur das eine Wort. Und dann dachte er, es *ihnen* sagen, es aussprechen. Wusste, es ist nicht möglich. Dachte dann aber: Warum nicht? Er lag da im Dunkeln und dachte plötzlich: Warum nicht? Sie liegen im Zimmer nebenan. Ich muss nur aufstehen, durch den Flur gehen, die Klinke fassen, die Tür öffnen und es sagen. Ich kann es tun. Und dann will er es tun. Er will aufstehen. Jetzt merkt er den Schmerz. Jetzt holt ihn der Schmerz ein, der lange geruht hat. Jetzt beult sich sein Bauch vor Schmerzen. Er kann sich nicht hochstemmen, sinkt ins Kissen zurück, atmet, beißt die Zähne ins Lippenfleisch, dreht sich zur Seite, wälzt sich vom Sofa, steht auf, gebeugt zwar, zitternd zwar, steht aber und macht Licht, sieht an sich selbst herab und sieht, er hat seine Hose noch an. Seine Socken. Sein Hemd. Die Schuhe stehen neben dem Bett. Er bückt sich nicht, kann sich nicht bücken, kriecht einfach mit den Füßen hinein, bindet die Riemen nicht zu. Sein Pullover hängt über dem Stuhl, er wirft ihn sich über, steckt den Kopf durch. Blut tropft aus der Nase, er wischt es ab und will mit ruhigen Zügen den Schmerz ausatmen. Der bleibt aber.

Dann tritt er in den Flur. Leise ist er, so leise, seine Hand fährt über körnigen Rauputz. Sakristei, denkt er und findet den Lichtschalter. Er sieht die Tür zu Kais Zimmer, fest geschlossen. An einem Kleiderhaken hängt sein Mantel. Der Läufer unter ihm ist grau, der Fliesenboden an den Rändern unbedeckt. Jetzt geht er. Zwei Schritte, drei Schritte, die Besenkammer ist offen, er bleibt stehen, bleibt an der Besenkammer stehen und schaut hinein. Mich in die Besenkammer hocken, denkt er, die ganze Nacht dort hocken, die Tür von innen schließen. Mich neben den Staubsauger setzen, zwischen die alten Eierkartons, die grün sind und braun, ein wenig verklebt, beim Wäscheständer, zusammengeklappt. Ich müsste mich, denkt er, klein machen in der Besenkammer, müsste mich zusammenkauern, zwischen all die Dinge kauern, in den Staub.

Christof geht weiter, geht auf Kais Zimmertür zu, bleibt dort stehen, atmet nicht und lauscht. Da ist nichts zu hören. Da dringt nichts aus dem Zimmer. Und jetzt? Die Klinke packen, ins Zimmer treten, Licht machen, in ihre verschlafenen Augen sehen? Kai sehen, der aufsteht, ums Bett herumgeht, ihn an der Schulter fasst, aus dem Zimmer führt? Ina sehen, die sich umdreht und weiterschläft? Den Geruch aufnehmen, ausgeatmeter Alkohol und Schlafschwere?

Nein, Christof geht weiter. Er lässt die Tür zurück, lässt sie ungeöffnet hinter sich, geht zur Garderobe, geht langsam, wie ein gebrechlicher Mann, hält sich, während er geht, mit der Linken den Bauch. Die Rechte an der Wand macht ein schleifendes Geräusch. Er geht an der Küchentür vorbei und greift zum Mantel, öffnet die Wohnungstür, tut es leise, und doch quietscht sie, und je langsamer er sie öffnet, umso lauter quietscht sie. Dann schließt er die Tür, geht die Treppen hinab, verlässt das Haus.

Und Vorhang.

Als Kai am nächsten Morgen anruft, sagt Christof, er habe nicht schlafen können, sei in der Nacht aufgestanden, in sein Auto gestiegen und in die Kaplanei gefahren. Kai fragt ihn, ob alles in Ordnung sei. Und Christof sagt, ja, es gehe ihm gut. Was nicht der Fall ist. Denn von nun an: Angst. Angst, er könnte sich verraten, man könnte ihm seine Gedanken, seinen Wunsch von den Augen lesen. Er weiß nun, was er sagen will. Und jetzt, da er es weiß, will er alles tun, es zu verbergen. Am besten, denkt Christof, sie nie wieder treffen. Doch tut er das Gegenteil. Das Telefon schellt, schon ist er verabredet, die drei treffen sich, noch einmal, noch zweimal, immer öfter, man redet, und je mehr man redet, umso näher kommt man sich, und je näher man sich kommt, umso ungezwungener gibt man sich, und je ungezwungener man sich gibt, umso öfter kann Christof die beiden beobachten, heimlich, die zwei, die nicht allein sind, die nie allein sind, die sich miteinander fortbewegen, Inas Arm um Kais Hüfte, Kais Arm auf Inas Schulter, oder Inas Hand in Kais Gesäßtasche, oder beide Hände ineinander verschränkt, oder ihre Köpfe, die kurz aneinander lehnen, Kais Kopf an Inas Wange, Augen, die den anderen streifen, ein Löffel, soeben in Kais Mund, nun in Inas. Und Christof bei alldem Zuschauer, der sich zurückhält, der so tut, als schaue er weg, aus den Augenwinkeln heraus aber jeden Brocken Berührung aufsaugt. Er will es ihnen sagen, jeden Augenblick, da er mit ihnen zusammen ist, da er sieht, was die beiden tun, will es ihnen sagen und kann es nicht. Denn er malt sich aus, was die beiden entgegnen würden. Es gibt zwei Antworten. Beide würden ihn töten. Lieber die Ungewissheit, denkt er, lieber die unausgeschöpfte Möglichkeit. Das tut am wenigsten weh.

Was ihm bleibt? Berührungserinnerungen: Ina, die er mit Kai von der Straße trägt, Ina, die ihn an die Hand nimmt, Inas Kinn auf seiner Schulter, Ina, die ihm das Blut vom Gesicht tupft. Kai, der ihm die Hand vom Ohr nimmt, Kais Schultern, auf die er den Arm legt, Kais Hand, die sich ihm reicht. Und neue Berührungen: An einem Abend, als sie am Tisch sitzen und reden und die Wachstischdecke ihre Beine verdeckt, spürt Christof plötzlich einen leisen Druck an seinem Knie. Es scheint ein Bein zu sein, ein Bein, das sich verirrt hat und jetzt, ganz leicht nur, an seinem eigenen lehnt. Christof zieht sein Bein nicht zurück, hält dem Druck stand und kann nicht mehr reden, die nächsten Minuten, nicht mehr zuhören. Ist es Ina? Warum zieht sie ihr Bein nicht zurück? Denkt sie, das Bein gehöre zum Tisch? Oder zu

Kai? Ina steht irgendwann auf, geht zum Kühlschrank, und Christofs Bein bleibt kalt zurück. Er versucht, sich nichts anmerken zu lassen, aber als Ina sich wieder hinsetzt und die Berührung ausbleibt, schiebt er langsam, so langsam, so vorsichtig, so behutsam wie möglich, sein eigenes Bein zu ihr hin, zu Ina hin, in ihre Richtung, Millimeter für Millimeter. Jetzt, denkt er, hier müsste es stehen, das Bein, doch es dauert, noch trifft er nur leere Luft, eine Winzigkeit bloß, denkt er, und endlich, da ist es wieder, ein leichtes Streifen, kaum wahrnehmbar. Doch Ina rückt ihren Stuhl zurecht, näher zu Kai.

17 – MYSTERIUM FIDEI

Wie oft werden sie sich getroffen haben? Jede Woche? Alle zwei Wochen? Natürlich reden sie. Kai und Ina voller Behutsamkeit, sie wollen Christof nicht in die Enge treiben. Sie wissen: Da geht etwas vor. Sie wissen: Da findet ein *Augenblick* statt. Sie wollen ihm Zeit geben. Sie fordern ihn nicht heraus, stellen ihn nicht in Frage, warten ab, geduldig, wollen, dass Christof von sich aus beginnt.

Man nähert sich. Spricht zunächst über den Körper im Allgemeinen. Über Wirklichkeit und Zuschreibung, über Rollen und Erwartungen, über Text und Interpretation, über Bühne und Schauspiel, über die Möglichkeiten, die sich bieten, den zwanghaften Glauben an die zwei Geschlechter zu zertrümmern. Ina erklärt den beiden das Geheimnis dieses Glaubens, eines Glaubens, der von einem Punkt ausgeht, den es gar nicht gibt, von einem Original nämlich, von einem Ist-Zustand des Körpers. Aber, sagt Ina, es gebe keinen Täter hinter der Tat, es gebe nur die Tat, die verschiedenen Akte: Das Geschlecht werde aufgeführt, inszeniert, und in der Inszenierung folge es gewissen Vorstellungen, Vorstellungen, die der Mensch irgendwann einmal irgendwo in sich aufgenommen habe, Vorstellungen, die er nun nachahme, eine endlose Spirale der Wiederholung, welche die zweifelhafte Bedeutung immer tiefer ins Wort brenne, und aus der Bedeutung entstehe die Erwartung, aus der Erwartung die Norm, und die Norm werde immer fester, immer gewisser, entwickele immer natürlichere Züge, ja, dächten die Menschen, so *ist* es, so muss es sein, so müssen auch wir handeln, so müssen auch wir unser Geschlecht aufführen, und so komme es zu den Kopien, den endlosen Nachahmungen dessen, was man sehe, was man höre, was man von anderen kenne, ein Fließband, an dem geschlechtliche Identitäten hergestellt würden, mit dem falschen Stempel der Natürlichkeit, aufgedrückt, ins Leben entlassen, eine neue Kopie in der auf nichts zurückführenden Reihe der Kopien. Denn es gebe kein Original.

Und während ich das schreibe, denke ich, ich weiß nicht, wer sie ist, Ina, ich kenne sie nicht, ich habe sie nie gesehen, ich werde sie nie sehen, Ina, die zitiert, so etwas gebe es nicht, einen festgesetzten Körper »auf der anderen Seite der Sprache«. Aber wenn es ihn nicht gibt – hat sie tatsächlich so gedacht? – wenn es ihn nicht gibt – denke ich nun – wenn es ihn nicht gibt, diesen Ist-Zustand des Körpers, dieses Wesenverhaftete, muss der Mensch dann nicht versuchen, leer zu werden, sich zu entmüllen, allem bloß Aufgesaugten, allem bloß Abgeschauten abzuschwören? Muss er nicht versuchen, ein unbeschriebenes Blatt zu werden und sich jenem nicht denkbaren Zustand der Sprach- und Vorstellungskeuschheit zu nähern? Muss er nicht versuchen, ein unvorherbestimmter Mensch zu werden, ein ungezwungener Mensch, ein Mensch, dem das Naturgefasel, das sich selbst wiederkäut, nicht schon alle Wege versperrt hat? Ein solcher Mensch, denke ich, sähe sich als Wählenden. Ein solcher Mensch wäre ein Möglichkeitsmensch. Sein Handeln wäre nicht durch Wörter, Blicke oder Gesten der Mitmenschen gelenkt. Er wäre ein Mensch, der sich selbst beschreibt und im Beschreiben erst findet. Und was, denke ich, während mein Blick auf Christof fällt, der vor mir sitzt und redet, was, denke ich, wird Ina an ihm, an Christof, fasziniert haben, wenn nicht seine Leere? Diese Ahnung einer Unbeschriebenheit, die ihn durchzieht? Wie groß wird ihre Neugier gewesen sein? Ihre Neugier auf einen Menschen, der keine Kopien zu löschen, sondern Leere zu füllen hat? Und ihre Neugier darauf, wie er sie zu füllen beginnt, die Leere?

Aber das sind nur Vermutungen. Ich muss mich an das halten, was Christof erzählt, muss sagen, dass die Gespräche zwischen Ina, Kai und Christof zu Beginn noch sorgsam abgesteckt sind, immer im Rahmen einer *allgemeinen* Diskussion. Doch von Treffen zu Treffen reden Kai und Ina immer offener über ihr wirkliches, gelebtes Leben, und Christof ahnt noch nicht, dass die Wendung der Gespräche zielstrebig zusteuert auf die Preisgabe des Eigenen, er sagt sich, *sie* sind es ja, die davon reden, ich bin es nicht. Und als Ina glaubt, dass die Zeit reif ist und man lang genug gewartet hat, fasst sie sich ein Herz und spricht Christof an, direkt und unverblümt und offen heraus. Trotz aller vorbereitenden Gespräche stürzt in Christof etwas zusammen, als er hört, was er hört, ja, sagt er sofort, fällt es ihm aus dem Mund, nur um etwas zu sagen, ja, sagt er, und weiß noch gar nicht, was er denn sagen will, ja, sagt er und rutscht auf seinem Stuhl hin und her, natürlich, sagt er und nur kurz blitzt die Möglichkeit auf, es *jetzt* zu sagen, es ihnen ins Gesicht zu sagen, aber zu schwer wiegen die Worte im Magen, zu heftig hat ihn die Frage getroffen, und noch einmal windet er sich heraus, schlägt die geöffnete Tür zu und versteigt sich in theologisch verstaubte Aussagen über eine *Zärtlichkeit des Gebets*, und Ina und Kai sehen ihn an und lehnen sich zurück in ihre Sessel, zu früh, werden sie gedacht haben, noch nicht, noch kann er nicht darüber sprechen, und Ina wird ihn gerettet haben, wird den Übergang gefunden haben vom Gebet zur Meditation, von der Meditation zur Ekstase und von der Ekstase zu den Körpergefühlen, die sich dem Betenden offenbaren, ein erneuter Rückzug in allgemeine Phrasenpanzer.

Da nähert sich schon das Frühjahr und mit dem Frühjahr der Monat, an dem Inas Klettertour ansteht, und je näher der Tag der Abreise rückt, umso mehr reift ein Gedanke in Christof heran: Vielleicht, denkt er, vielleicht ist es besser, wenn mir nur *einer* von beiden ge-

genübersitzt, diese Übermacht, denkt er, sie sind immer zu zweit und ich allein, es wird einfacher sein, wenn nur einer von ihnen da ist, es ist nicht wichtig, wer es ist, es wird nun mal Kai sein, ich werde ihn allein stellen, ich werde mich, wenn Ina verreist ist, mit ihm treffen und ihm alles sagen, ja, denkt Christof, das werde ich tun. Immer stärker wird diese Gewissheit, immer deutlicher spricht er sich die Worte vor, die er Kai sagen will, im Geiste. Kai, wird er sagen, ich muss mit dir reden, es gibt da etwas, das ich dir sagen will, sagen muss, es betrifft euch beide, also Ina und dich, genauso wird er anfangen, malt Christof sich aus, immer deutlicher, je näher der April rückt, Ina ins Auto steigt, mit Corinne, losfährt, nach Buoux. Und fort ist.

Drei Tage später, nachmittags, ist Kai an der Tür, und Christof spürt eine Ruhe in sich, er weiß, heute wird er es sagen. Kai tritt ein, die Fische, die gefüttert werden, ja, sie ist gut angekommen, ein Sonnenstrahl, der durchs Fenster fällt, sie klettern schon, die beiden, keine leichte Nummer, ein LKW fährt vorbei, röhrt über den Asphalt, das zittert und vibriert, setz dich doch, Kaffee, nein, lieber was Kaltes, Musik, ja, warum nicht, ich muss mit dir reden, Kai, dann schieß los, Christof. Das Telefon schellt, und Christof geht ins Arbeitszimmer, es ist der Pastor, nein, er habe gerade ein Gespräch, sagt Christof, er könne jetzt nicht kommen, das müsse schon ohne ihn gehen, dieses Mal, ausnahmsweise. Christof legt auf und bleibt einen Moment am Schreibtisch stehen und denkt an das, was in den letzten Monaten geschehen ist, denkt an das Gespräch, das er vor zwei Wochen mit dem Pastor geführt hat. Was denn los sei mit ihm, hat Peter Lettner gefragt, nichts, hat Christof geantwortet. Ob er sich nicht wohl fühle, er sei so verändert, nein, hat Christof gesagt, es sei alles in Ordnung. Aber, hat der Pastor gesagt, wenn irgendetwas sei, könne er sich getrost an ihn wenden, ja, hat Christof geantwortet, das wisse er, und der Pastor hat nachgehakt, er glaube ihm nicht, da sei doch etwas, sein, Christofs, Verhalten hätte sich verändert seit einigen Wochen. Wie denn, hat Christof gefragt, und der Pastor hat ihm aufgezählt, die Predigten, über die sich Gemeindemitglieder beschwert haben, die beiden Messdienerstunden, die Christof hat ausfallen lassen, keine Gespräche bei Tisch, selbst die Haushälterin hätte ihn, den Pastor, schon gefragt, was mit dem Kaplan los sei. So, hat der Pastor gesagt, könne es nicht weitergehen, und Christof hat geantwortet, ja, also dann, es gehe ihm im Augenblick nicht sehr gut, das werde aber wieder besser werden, er, der Pastor, brauche sich keine Sorgen machen, er mache sich aber Sorgen, hat der Pastor gerufen, große Sorgen, sonst säße er nicht hier, und das Ganze sei keine Kleinigkeit, es gehe *auch* um ihn, auch um Christof, das gewiss, es gehe aber in erster Linie um die Pfarrgemeinde, die Pfarrgemeinde brauche einen Priester, der sich ganz und gar in ihren Dienst stelle, natürlich sei auch ein Priester nur ein Mensch und es könne ihm einmal schlecht gehen, aber dann sei er verpflichtet, sich helfen zu lassen, um schnellstmöglich wieder voll und ganz einsatzfähig zu sein, im Dienst an der Gemeinde, und deshalb, hat der Pastor zum letzten Mal gesagt, wolle er endlich wissen, was das alles zu bedeuten habe. Da hat Christof den Pastor angeschaut. Er hat kein einziges Wort gesagt, er hat den Pastor nur angeschaut und geschwiegen, und Peter Lettner, eigentlich bekannt für seine Unnachgiebigkeit, hat dem Blick nicht standhalten können, ist aufgestanden, ist einfach aufgestanden und hat noch leise gesagt, also du weißt ja, wo du mich finden kannst, wenn irgendwas ist, und dann ist er, der Pastor, rausgegangen, und als er draußen gewesen ist, hat sich ein ihm unbekanntes Triumphgefühl in Christof breit gemacht, er hat dem Pastor hinterhergeblickt, durchs Fenster, hat gesehen, wie der Pastor gegen den Wind gebeugt in Richtung Pfarrbüro gegangen ist, und Christof hat den Vorhang fortgezogen und das Fenster geöffnet und gedacht, dreh dich um, Peter, dreh dich noch einmal um, und tatsächlich hat sich der Pastor umgedreht, und Christof hat die Hand gehoben und ihm gewunken, der Pastor aber hat ihn ratlos angestarrt und ist kopfschüttelnd ins Pfarrhaus getreten.

Christof streicht die Erinnerung an das Gespräch weg, holt einen Augenblick Luft und schaut Richtung Tür, ehe er zurück ins Wohnzimmer tritt. Kai ist aufgestanden und steht am Aquarium. Wie heißen die Fische da? fragt er und deutet auf blaue, schmale, blitzschnell die Schwimmrichtung ändernde Exemplare. Christof, halb in Gedanken, nennt den Namen, setzt sich dann, will endlich anfangen, will endlich raus mit der Sprache, ist ein wenig hilflos da auf der Couch, noch dazu, als Kai ihm ein Buch bringt, das er unterm Arm hält, er hat es vorher aus dem Regal gezogen und stellt eine Frage, Christof kann kaum den Titel lesen, der ihm vor Augen verschwimmt, er nimmt das Buch, legt es neben sich, schaut Kai an, sagt, jetzt nicht, und Kai setzt sich ihm gegenüber in einen Sessel, fragt, was ist los, und Christof bringt in Brocken heraus, was er sich zurechtgelegt hat, die ersten Sätze nur, den Anfang, nämlich die Worte, dass er, Christof, mit ihm, Kai, reden müsse und so weiter, und Kai sieht, dass es ihm Ernst ist, etwas Wichtiges, und so beugt er sich ein wenig vor und ermuntert Christof anzufangen, nur zu, sagt er, ich höre, und Christof schaut auf, schaut lange in Kais Gesicht, sieht sich plötzlich selbst auf dem Sofa sitzen, ein wenig verkrampft, leicht schwitzend, sieht Kai, der dasitzt und wartet, sieht das Aquarium, das blöde vor sich hinsummt, und plötzlich beginnt Christof zu lachen, erst langsam, tröpfelnd, ein Husten eher als ein Lachen, dann immer schneller, deutlicher, ja, er lacht, denkt Kai, er lacht tatsächlich, was gibt's da zu lachen, fragt Kai, schon halb ins Lachen eingestimmt, und Christofs Lachen wird zum Anfall, zum ansteckenden Anfall, Kai lacht mit, lacht ein Lachen mit, von dem er nicht weiß, woher es kommt, auch Christof weiß es nicht, er lacht einfach, bis ihm Tränen in die Augen steigen und er ein Taschentuch nimmt und sich die Tränen von den Wangen wischt, und Kai hört auf zu lachen, sein Lachen bröckelt langsam von den Lippen, er sieht zu Christof, weint der? – nein, denkt Kai, das sind Lachtränen, die sich rauspressen, und Christof beruhigt sich, rote Augen, trocken, kurze Lachstöße fallen noch aus seinen Lippen, die letzte Luft, die aus einem Reifen entweicht, ehe er hört, dass Kais Telefon klingelt, Kai es aus dem Rucksack zieht, hineinspricht, laut, lauter, dann still, stiller, Christof achtet nicht darauf, was er sagt, der Kai, sondern denkt wieder an seine eigenen Worte, die er von sich zu geben hat, gleich, nachdem er, Kai, sein Telefonat beendet haben wird, doch Kai steht auf, Christof fragt ihn, was los sei, doch der sagt nichts, der Kai, sagt nichts und dreht sich zum Fenster, bleibt einen Moment so stehen, dreht sich dann wieder zurück, und in diesem Umdrehen liegt alles, was man sich vorstellen kann, und als er Christof wieder ins Gesicht blickt, sagt er: Sie ist noch nicht tot.

18 – PER IPSUM ET CUM IPSO ET IN IPSO

Die Sicherung beim Klettern geschieht mittels eines Seils. Gehalten wird das Seil vom Partner des Kletternden, der den vorsteigenden Kletterer von unten sichert. Dazu wird das Seil mittels Expressschlingen an Zwischensicherungen eingeklinkt, in der Regel Haken, die mit einer Betonmischung in den Fels eingelassen sind. Diese Bohrhaken findet man meist schon an Ort und Stelle vor. Fehlen solche Sicherungen oder liegen sie zu weit auseinander, ist man gezwungen, eigene anzulegen. Dazu hält man Ausschau nach Spalten oder Löchern, die Raum bieten für Klemmvorrichtungen oder sogenannte *friends*, die man in den Fels keilen kann. Macht man dabei Fehler, so ist mit Folgen zu rechnen. Setzt man den *friend* beispielsweise waagrecht in eine senkrechte Spalte, kann er sich beim Sturz unter der Belastung wegdrehen, die Backen können ihre Position verändern und den Halt verlieren. Reißt die erste Zwischensicherung aus der Wand, bleibt die Hoffnung, bei der nächsten aufgefangen zu werden. Man muss allerdings berücksichtigen, dass sich der Zug auf den nächsten Haken enorm erhöht. Nach sechs Metern freien Falls hat man bereits eine Geschwindigkeit von

11 m/s erreicht, was einer Geschwindigkeit von knapp 40 km/h entspricht. Für gewöhnlich werden solche Stürze jedoch trotzdem aufgefangen. Ein Sturz ist keine Schande. Ein Sturz gehört zum Klettern dazu. Stürze, hat Ina einmal gesagt, habe sie manchmal am eigenen Leib verspürt, wenn auch nur kurz, wenn auch nur den Anfang des Sturzes, wenn auch nur die erste Sekunde, Rücken zur Erde, Gesicht nach oben, zwei Meter, vier, der tiefste fünf, aber immer beendet vom Ruck, vom Seil, das sich spannt, das sie auffängt, vom Partner, der das Seil hält, sich nicht nach hinten wirft, sondern nach vorn.

Sich ausmalen, wie es ist, zu Ende zu stürzen. In der Wand hängen, ohne Sicherung, Solo, ohne Seil, hochklettern, dem Körper vertrauend, sich allein durch ihn hochbewegen, mit ihm in der Wand hängen, in ihm ruhen, dort, lose in der Luft, ein Finger hält ihn, oder die Spitzen der Zehen, sonst nichts. Es würde nur Sekunden dauern. Der Kampf davor, das letzte Aufbäumen, der absolute Wille, das Sichklammern an die Wand. Zu wissen, man schafft es nicht mehr, zu wissen, die Kraft ist aufgebraucht. Und dann fällt der Körper. Die Arme rudern, als wären sie Flügel, alles an einem will sein wie Luft. Die Augen fliegen vom Kopf. Das Geräusch des Aufpralls, kurz nur.

19 – PATER NOSTER

Wie er dalag. Ein pfeifender Laut fiel noch aus seinem Mund. Sein Kopf zu meinen Füßen. Stand ich da, sekundenlang, versagten mir die Reflexe, hatten keine Arme gezuckt ihn aufzufangen, als er fiel, bogen keine Knie sich hinab zu ihm. Spät mein Erwachen. Schrie und versuchte ihn hochzuziehen, schrie ihn an, rief, Vater, was ist los, versuchte ihn umzudrehen, damit er auf den Rücken zu liegen kam, damit ihn seine eigene Fülle nicht selbst zerquetsche. Das gelang mir nicht. Der war zu schwer. Der lag da. Ruhig. Der atmete nicht. Da war nichts. Der kann doch nicht. Ich stieß ihn an, wollte ihn wegrollen, umrollen, umwälzen wie einen Stein, kniete mich zu ihm. Rammte ihn mit der Schulter. Dicht bei ihm. Mein Gesicht auf seinem Bauch, mein Ohr an seinem Herz. Da war nichts zu hören. Da half alles Rütteln nichts. Ihn ins Leben zurückboxen, ihm den Tod ausprügeln, ihn windelweich schlagen. Drückte ihm die Brust hinab. Hing an seinen Lippen. Hörte ich etwas? War da nicht doch ein Atem? Kratzte da nicht etwas in ihm? Hob sich da nicht sein Bauch? Halfen die Schläge? Wach auf, rief ich. Rück ihn raus, schrie ich. Der regte sich nicht. Da war nichts. Da blieb ich hocken und sah mich plötzlich um. Sah mich im Weinkeller um. Sah mich nach Hilfe um. War denn da keiner? War ich allein? Ich stürmte aus dem Keller, die Treppen hoch, rief um Hilfe, es fand sich niemand im Haus.

Das Telefon.
Das Zittern der Finger.
Die feuchten Tasten.
Das Freizeichen.
Die Stimme.
Das Stottern.
Die Schnur des Telefons.
Das geknüpfte Telefondeckchen.
Warten.
Das Läuten.
Die Tür.
Die Klinke.
Das Sonnenlicht.
Die Sanitäter.
Trage, Schritte, Weg.
Kalt, laut, eng, feucht, luftlos.

Er war schon tot. Er sei einfach umgekippt, sagte man. Das Herz habe aufgehört zu schlagen, sagte man. Warum? fragte ich. Vielleicht vor Freude, sagte man. Oder wegen der Überraschung. Oder wegen zu großer Fettfülle. Oder mangels Bewegung. Vor Schreck, sagte ich. Vor Entsetzen.

Es war an mir, meiner Mutter, die am Abend nichts ahnend nach Hause kam, die Nachricht zu unterbreiten. Ich hörte den Schlüssel in der Wohnungstür, hörte ihre Schritte, rief, ehe sie in die Küche trat, das eine Wort Mutter hinaus in den Flur, rief, ich bin es, Paul, ich bin auf Besuch. Ich hörte, wie sie im Flur stehen blieb. Hörte, wie sie den Schlüssel weglegte, auf den Schuhschrank. Hörte ihr Zögern. Hörte, wie sie sich langsam der Küchentür näherte, sah sie schließlich im Türzargen stehen, erhob mich und machte einen Schritt auf sie zu. Ich war überrascht, dass sie mich in den Arm nahm, nach der langen Zeit, nach allem, was geschehen war, als sie mich aber in den Arm nahm, ließ ich sie nicht mehr los und begann, in ihrem Arm hängend, zu weinen, sie strich mir über den Kopf, sie dachte wohl, verblüfft, ich weinte vor Freude, merkte dann aber, dass etwas nicht stimmte, fragte mich, ich reagierte nicht, ich konnte nichts sagen, ich hielt sie nur fest umklammert, Paul, sagte meine Mutter immer öfter, ich ließ sie nicht los. Paul. Es dauerte einige Zeit, ehe ich das eine Wort Vater zwischen die Lippen schob, mein Kinn auf ihrer Schulter, mein Blick an ihr hinab auf den Boden, das Wort hinter ihrem Rücken gesprochen, sie wollte sich losmachen, ich konnte nicht und hielt mich weiter an ihr fest. Lass mich los, rief sie, und als ich nicht hörte, begann sie wieder Paul zu sagen und leicht, ganz schwach, mit locker geballten Händen auf meine Schultern zu klopfen, stärker werdend, lass mich los, Paul, was ist denn, Paul, schau mich an, Paul, sag mir, was ist denn?

Bei der Beerdigung zog der Strom der Kondolierenden an mir vorüber, ich verteilte Handschläge wie Zettel, schaute kaum hoch, stützte meine Mutter, die mir schwer im Arm hing, mein Blick ging auf den an Seilen gespannten, halb im Grab hängenden Sarg, ich dachte, ob die Seile stark genug sind, ihn zu halten, ich dachte, wie kann so viel Masse aufhören zu sein, ich dachte, was habe ich getan, was hat er getan, und in diese Wirre hinein lag plötzlich eine Hand in meiner Hand, die sich nicht lösen, sich nicht auf ein kurzes Schütteln beschränken wollte, die sich mir ohne jede Flüchtigkeit reichte, die mich zwang, zu dem, der sie trug, emporzusehen, es war Christof. Ich sagte: So'n Grab ist ganz schön tief.

Christof setzte sich beim Beerdigungskaffee zu mir an den Tisch. Es tat gut, ihn da zu haben, neben mir zu wissen, aber wir redeten nicht, saßen da und hörten zu, wie die anderen redeten, Verwandte, Freunde, der alte Jolle, die redeten von Zeiten, die man verbracht, von Dingen, die man erlebt hatte, gemeinschaftlich, mit dem soeben in die Erde abgelassenen Vater. Lachten sogar. War mir lieb, Lachen zu hören. Tat mir gut, den Christof neben mir, der schwieg, die Mutter neben mir, die schwieg, und dann die Lachleute am Tisch rundum, grub sich beruhigend in mich, all das. Christof blieb lange, blieb, bis fast alle gegangen waren, fing dann doch an zu reden, nichts Tröstendes, nichts Ablenkendes, Fragen stellte er, öffnete mir dabei ein wenig die Lippen zu kleinen Antworten, fragte nach Geschehenem, nach Mirgeschehenem, ich stellte mich auch nicht stumm, sondern legte einige Sätze zu ihm auf den Tisch, die wir uns ansahen, stiller werdend. Er ging irgendwann, und als er ging, sah ich zu ihm auf. Durch die Tür ging er, in seinem schwarzen Mantel, und ich sah ihm nach und dachte noch, *jetzt* seh ich ihn wieder, an so einem Tag, *hier* seh ich ihn wieder, in der Kaschemme *Zum Tropfen*, beim Beerdigungskaffee, hier seh ich ihn, wie er da rausgeht, schlank rausgeht, langsam rausgeht, sich nicht umdreht beim Rausgehen, keinen Hut aufsetzt, sich den Mantel festschnürt, da geht er und lässt mich mit der Mutter am leer geschlürften Kaffeetisch, mit Gelachtem zwischen dem Porzellan, in den Tassen schwarze Reste und ungeschmolzene Zuckerknubbel.

Ich ging mit meiner Mutter im Arm durch das Städtchen. Überall war es still, Mittagszeit mit Hitze, Sonne, niemand auf der Straße. Erinnernd aber ist mir, als hätte man sich überall aus dem Fenster gelehnt, auf den Terrassen, Balkonen, an den Fenstern, überall, zu betrachten unsern Rückzug aufs Gut, unsern Weg durch das Dorf, mit Handheben, traurigem, kaum sich nach oben richtendem Handheben, mit Andeutungen, mit Trauerandeutungen standen, lagen, saßen sie alle an den Fenstern und schauten auf uns, die Mutter, die auf den Boden, auf den nächsten Schritt, der vor ihr lag, sah, ich, der ich nie auf den Boden, immer nur auf die Fenster sah, die in der Sonne blitzten, wenn sie so standen, dass Licht in sie fiel, aufsah also zu den Fensterköpfen, Fensterschultern, Fensterhänden und nickte, jedem einzelnen zunickte, eine langsame Bewegung des Kopfes mit gleichzeitigem Blick in die Augen dessen, der winkte.

Meine Mutter fiel nicht in sich zusammen, gab sich nicht auf, im Gegenteil, ihr emsiges, stets aufs Tun gerichtetes Wesen verstärkte sich noch, ihr Handlungssinn nahm zu, obwohl ich dies nicht für möglich gehalten hätte, das begann schon unmittelbar nach der Beerdigung, als sie tagelang alles, was meinem Vater gehörte, alles, was sie an ihn würde erinnern können, in grobe Kartons packte und in den Speicher sperrte. Ebenfalls in Kartons packte sie all ihre farbigen Kleider, alles bunt Leuchtende wurde weggestopft und weggeschickt, an irgendeine Kleiderannahmestelle, nicht nur bunte, auch braune oder graue oder dunkelblaue Sachen, auch alle Schuhe, die nicht schwarz waren. Und da meine Mutter auf die Schnelle keine schwarzen Taschentücher fand, tauchte sie ihre riesigen, weißen, immer frisch gebügelten, wie quadratische, gebleichte Blätter ausschauenden Stofftaschentücher in ein Bassin mit dunkler Tunke und zog sie moorschwarz wieder heraus. Sie saß dann aber nicht etwa mit ihren Tüchern auf dem Küchenstuhl, um zu trauern, nein, Tränen traten ihr nicht ins Gesicht, sie geriet zunächst in ein wahres Einkaufswüten und kleidete sich neu ein, schwarz selbstredend, schwarze Strümpfe, Hosen, Röcke, Schuhe. Auch, wie ich zufällig erspähte, schwarze Wäsche, die reizvoll aussah, die ich mir aber an meiner Mutter schwer vorstellen konnte. Nicht wegen ihres Alters. Sie hatte ein schönes, glattes, noch junges Gesicht und kein graues Haar auf dem Kopf, nein, es lag vielmehr daran, dass es fast nichts gab, was mit der Wäsche hätte verborgen werden können, denn meine Mutter war eine schlanke Frau und wurde nach dem Tod des Vaters von Tag zu Tag schlanker, so schlank, dass mit der Zeit schlank zu dünn wurde, dünn zu dürr, dürr zu mager und mager zu skeletthaft. Du musst essen, sagte ich meiner Mutter, sie antwortete nicht, beugte sich über den Spülstein und schrubbte hartnäckig eingetrockneten Schmutz vom Boden eines Kübels, schrubbte mit hoch gekrempelten Ärmeln, sodass ich Elle und Speiche voneinander unterscheiden konnte. Du musst mehr essen, wiederholte ich, aber sie beachtete mich nicht. Ich kaufte alle möglichen Dinge ein, von denen ich wusste, dass meine Mutter sie gern aß, ohne Erfolg. Sie aß gerade so viel, dass sie nicht umkippte, beschränkte sich auf äußerst fettlose, vitaminreiche Kost, vornehmlich Rohkost, knabberte mit Mühe eine Möhre weg oder schälte sich am Abend zwei Kohlrabi. Wenn ich sie berührte, am Arm oder an der Schulter, zuckte ich jedes Mal zusammen, weil ich dachte, ich fasse blanke Knochen an. So geht das nicht, sagte ich ihr, du wirst noch im Krankenhaus enden. Die werden dich, sagte ich, mit Infusionen voll pumpen, dich an Schläuche knüpfen, dir Plastikröhren in die Nase schieben, willst du das? Sie hörte nicht auf mich, sagte stattdessen, ich solle aufhören zu reden, gab mir Anweisungen, sagte, mach mal den Eimer mit heißem Wasser voll und bring ihn mir in den Flur, ich muss die Fliesen putzen. Dann tat ich, was sie mir auftrug, brachte ihr den Eimer und musste mit ansehen, wie sie in ihrer schwarz gefärbten Schürze auf der Erde kniete und im steten Rhythmus den Wischlappen in den Eimer tauchte, auswrang, auf den Boden klatschte und ihn mit der zusammengekratzten Kraft ihres Körpers hin- und herwedelte, unter den Schrank fuhr, in die Ecken, auf die Zähne biss und vor Anstrengung laut atmete.

Ich flog nicht zurück nach Amerika. Ich sprach meinem Freund auf den Anrufbeantworter, dass er meine restlichen Sachen verbrennen oder verkaufen könne, ich regelte alle nötigen Formalitäten mit dem Austauschdienst und blieb bei meiner Mutter. Ich versuchte alles, sie zur Vernunft zu bringen, wies sie auf die Folgen, die Schäden, die Gefahren hin, versuchte es mit abschreckenden Schilderungen, zählte klare Argumente auf, fragte sie mehrmals nach dem Sinn dessen, was sie tat, ich bat sie eindringlich, mit dem Unfug aufzuhören, ich schrie sie an, ich drohte ihr, dann sprach ich wieder leise und beschwichtigend, es half nichts, sie hungerte weiter. Und meine Argumente verloren an Überzeugungskraft, da ihr in all den Monaten nichts passierte: Sie brach nicht zusammen, ihr wurde nicht schwarz vor Augen, man musste sie nicht ins Krankenhaus bringen oder unter ärztliche Beobachtung stellen, mögliche Infusionen blieben aus, es schien, als folge sie einer in ihr sitzenden

Uhr, die ihr genauestens signalisierte, wann sie wie viel Nahrung zu sich zu nehmen hatte, um einem Zusammenbruch zu entgehen. Schließlich kümmerte ich mich um all die Dinge, die zu erledigen waren, sorgte dafür, dass meine Mutter weiterhin in der oberen Etage des Hauses leben konnte, während ich die untere Etage, alles mit der stumm nickenden Einwilligung meiner Mutter, vermietete, an ein junges Winzerehepaar, das gleichzeitig den gesamten Weinberg in Pacht nahm. Als alles versorgt und alle Dinge geregelt waren, als mir klar geworden war, dass meine Mutter nicht von dem, was sie tat, abrücken würde, verschwand ich, sah, dass ich wieder an mich dachte, verschwand nach Berlin, mietete dort eine Wohnung, die ich erst nach langem Suchen fand, denn sie musste über einen geeigneten Keller verfügen, nahm ich doch die über zig Jahre gesammelten Weine meines Vaters mit, das war ein riesiger Lastzug voller Weinflaschen, alle zehnfach verpackt, gepolstert, es war ein Laster mit spezieller Federung, der Fahrer hatte strikte Order, Tempo 60 nicht zu überschreiten und bei allen auf ihn zukommenden Holperern zu bremsen, Wein, sagte ich ihm, fährt man wie Nitroglycerin.

20 - PAX DOMINI

Explodiert, auf unseren Zungen, nie geschmeckt. Mit der Rechten greift Christof zum Korb und schenkt nach. Wir führen das Glas an die Nase, wollen den Geruch nicht wahrhaben, der uns entgegenschlägt, nehmen den Wein in den Mund, schmecken blanke Bitterkeit, spucken den Wein zurück ins Glas und stellen die Gläser auf den Tisch, man kann noch Essig draus machen. Christofs Hand bleibt in meiner. Von draußen scheint Dunkel durchs Fenster, kein Wind, der Pappelblätter frisst, die Platte mit den Kantaten ist längst zu Ende gelaufen, ich will etwas sagen, aber ich wage nicht, die Ruhe zu stören. Auch Christof sitzt da, die Zeit vergeht, ich schaue zum Wein. Da spüre ich, wie er den Kopf in meine Richtung dreht. Er sieht mich an, sein Blick streift über mein Gesicht, doch ich tue so, als bemerkte ich es nicht, ich tue so, als wäre meine Aufmerksamkeit auf den Wein gerichtet, das zweite Glas hat uns den Geschmack aus dem Mund geprügelt. Mir ist, als hätte sich sein Daumen bewegt, flüchtig nur, ganz leicht, als wolle er sich in eine andere Position bringen. Die Kerzenflammen brennen ohne Regung, das Sofa ist weich, ich sitze unangelehnt auf der vorderen Kante, mein Handrücken wird warm, jetzt, denke ich und lege meine Linke auf seine Hand, er zieht sie nicht fort, lässt sie zwischen meinen, ich bleibe eine Weile so, dann schaue ich ihn an, kurz nur, denn seine Augen wenden sich ab, zum Wein, er nimmt den Korb in die Hand, hebt ihn hoch und sagt: Tot.

21 – AGNUS DEI

Nein, sagt Kai auf dem Beifahrersitz, sie ist nicht tot. Er raucht und dreht sich um, ein ums andere Mal, ihm ist, als wäre da etwas hinter ihm, der Wagen taucht sich in Dunkelheit, Schatten von hinten, Kai schaut in die Räume zwischen Sitz und Rückbank, da ist nichts, kühler wird es, halt bitte an, sagt Kai und steigt aus und setzt sich auf die Rückbank. Christof sagt nichts und fährt weiter. Das kühle Glas, an das Kai seinen Kopf lehnt, sein Atem, der an der Scheibe sichtbar wird, der raue Stoff des Sitzes, die Decke über ihm, es wird enger im Auto, je länger er die Dinge betrachtet, am Wegrand Wald. Sie hat sich nicht halten können, denkt Kai, sie ist abgerutscht, es wird ihr Finger gewesen sein, ihr Knöchel. Er denkt, wenn sie nur drei Wochen länger hätte trainieren können, wenn ich sie nur nie angefahren hätte. Aber dann, denkt er, hätte ich sie gar nicht kennen gelernt, sie wäre an der Ampel zurückgesprungen, ich wäre weitergefahren und hätte alles rasch vergessen, andere Gäste wären zu mir ins Taxi gestiegen, andere Geschichten hätten sich mir erzählt. Er stellt die Coladose ab, stützt seine Ellbogen auf die Schultern der Vordersitze, schiebt sein Gesicht vor, sodass es langsam im Rückspiegel aus der Dunkelheit auf Christof zukommt, und dann sagt Kai, sie wird doch nicht tot sein, oder?

Corinne sitzt im Krankenhausflur, als Kai sich nähert und nicht zu fragen wagt. Inas Schwester schaut hoch und muss nichts sagen. Im Zimmer liegt Ina, man hat sie zurechtgemacht, doch man sieht noch die Spuren des Sturzes, ihre aufgerissenen Wangen, Löcher im Kopf. Da steigt kein Atmen mehr vom Laken. Da liegt Leblosigkeit. Da ist nur noch Gesicht. Kai setzt sich aufs Bett, holt ihre Hand hervor, sie ist kalt, und dem Arm fehlt Fleisch, er holt sie trotzdem hervor, legt sie sich auf den Schoß, sitzt da bei Ina und zieht Zigaretten aus der Tasche, will sich eine anzünden und hat sie schon im Mund, nimmt sie dann von den Lippen, wirft sie zu Boden, sitzt da in Inas Bett, erinnert sich an das erste Mal, da er in einem Krankenhaus auf ihrem Bett saß, erinnert sich an ihren Blick, während sie aß und beide wussten, was dem Blick folgen würde, jetzt aber kein Blick mehr, nur Stille.

Christof trägt Kai vom Sitz seines Autos, Kais Kopf schaukelt, während Christof über die Straße zum Pfarrhaus geht und plötzlich seinem Pastor gegenübersteht. Es ist noch hell, Pfarrer Lettner hat gerade das Pfarrbüro verlassen, und da steht Christof, Kai im Arm, und der Pastor fragt, wer ist das? Christof sagt, sein Name ist Kai, er schläft, wir waren in Frankreich, bei Ina, die beim Klettern tödlich verunglückt ist, und auf der Rückfahrt hat Kai drei Schlaftabletten genommen. Der

Pastor schaut sich um und fragt, muss der ins Krankenhaus? Nein, sagt Christof und geht weiter, den Treppenaufgang zu seiner Wohnung hoch, setzt Kai ab, schließt auf, die ganze Zeit den Pastor hinter sich. Kai ist immer noch betäubt, und Christof bettet ihn im Wohnzimmer aufs Sofa, deckt ihn zu und lässt sich dann in einen Sessel fallen. Da nähert sich der Pastor, und Christof hat vergessen, dass er noch da ist. Er habe alles versucht, sagt der Pastor, doch er, Christof, habe nicht mit sich reden lassen, und jetzt sei er seit drei Tagen unauffindbar und habe lediglich eine kurze Nachricht auf dem Anrufbeantworter im Pfarrbüro hinterlassen, *melde mich, wenn ich wieder zurück bin*, kein Wort, wo er, Christof, stecke, kein Wort, warum er verreist sei oder wann er zurückkomme. Christof ist schon in den Flur gegangen, steht neben der offenen Haustür und sagt, er habe eine anstrengende Reise hinter sich. Es bleibe ihm keine Wahl, sagt der Pastor, er müsse sich nun an den Bischof wenden. Christof nickt und sagt, er, der Pastor, habe Recht, wenn er jetzt aber bitte. Und deutet auf die Tür. Christof senkt die Augen, erschöpft, außer Kraft, sagt noch einmal, ich bitte dich, Peter, und der Pastor verlässt das Haus.

Kai wacht nur langsam auf, das Hemd hängt offen aus der Hose, er schwitzt, gähnt und reibt sich durchs Gesicht. Wo bin ich, fragt er, und Christof, bei mir. Das ist nicht wirklich passiert, sagt Kai und hält sich sein Gesicht, das wegzukippen droht. Ich brauch Kaffee, sagt er, und Christof, ich koch dir welchen. Christof geht in die Küche, hört von der Küche aus ein Stöhnen, lauscht eine Weile, hört nichts mehr, löffelt Pulver in den Filter, hört plötzlich einen Knall aus dem Wohnzimmer, lässt die Kanne ins Waschbecken fallen, eilt hin, Kai liegt auf dem Boden, er ist aufgestanden, seine Beine sind noch zu schwach gewesen, er hat sich wohl abstützen wollen, der kleine, rechteckige Tisch ist umgekippt. Christof: Was machst du? Und hilft ihm aufs Sofa. Er bleibt eine Weile bei ihm, macht dann den Kaffee fertig, und Kai scheint zu schlafen, als Christof zurückkommt. Christof stellt leise die Sachen auf den Tisch, ein Tablett mit Kaffeekanne und Tassen. Kai sagt, gib mir vom Kaffee, und öffnet die Augen nicht, während er spricht. Christof gießt zwei Tassen voll und reicht ihm eine. Da setzt Kai sich auf, dreht sich zu Christof, reibt sich durchs Gesicht, sitzt gebeugt da, die Ellbogen auf den Knien, unrasiert, seine Augen rot durchzogen, zu Christof schaut er, und Christof sagt, komm mit. Wohin? fragt Kai. Christof hilft ihm auf, führt ihn ans Aquarium und öffnet die Abdeckung. Kai legt seine Hände auf die Glasränder, schaut noch einmal zu Christof, sieht, wie dieser nickt, Kai atmet ein, wirft sein Gesicht ins Wasser, bleibt eine Weile so, öffnet die Augen, sieht Fische, sieht Pflanzen, nimmt den Kopf hoch, dreht sich um und steht Christof gegenüber.

Erst da, sagt Christof, habe er ihn in den Arm genommen.

Sie stehen da, die beiden, von Kais nassem Gesicht tropft Wasser auf Christofs Schulter, Christofs Arme liegen Kai im Rücken, sodass Kai es als Gebärde des Trostes verstehen kann, Christof hat die Augen geschlossen und zieht ihn fester an sich.

Und mit einem Mal ist für Christof kein Tod mehr da, kein Sturz, kein Ende, alles ist ausgeblendet, einen Augenblick lang. Nur noch Christof, Christof und ein Mensch. Einer, den er an sich presst. Einer, der über seinen Schultern hängt. Einer, dessen Rücken er spürt auf den Handflächen. So einer ist das. Ina oder Kai oder Paul. Da denkt Christof: *Jetzt, wo sie tot ist.* Jetzt, wo Kai allein ist. Da steht er, gelähmt, entsetzt über den Gedanken. Doch er denkt ihn nicht wirklich, den Gedanken, es ist nur die Erinnerung an diese Worte, die Christof überfällt.

Damals dachte er sie tatsächlich, die Worte, damals, nachdem wir beide, Christof und ich, Mehl gegen Moltofill ausgetauscht hatten, um seiner Schwester einen knochenharten Kuchen zum Geburtstag zu bescheren. Stattdessen aber brutzelte der Tod in der Pfanne, auf kleiner Flamme, in einem Stich Butter, mit von der Nachbarin geborgten Eiern. Zur selben Zeit strichen Christof und ich in der Kirche unsere Messdienergewänder glatt, legten die Hände in den Schoß und ließen die Messe vergehen, wir zogen in der Sakristei die weißen, mit Kniffen und Spitzen versehenen Oberteile aus, hängten sie auf die Bügel, knöpften die Talare auf und streiften sie ab. Und während sein Vater sich den Tod einverleibte, stürmten wir die Treppen hinab auf den Kirchhof, nahmen die Abkürzung an den Gräbern vorbei, schwangen uns über das kleine, grüne Seitentörchen, liefen über die Feldwege zurück und sahen schließlich das stumme Blaulicht vor seinem Elternhaus, sahen die zwei Wagen, der eine war schwarz, der andere weiß. Mich schickte man weg. Christof hinein.

Seine Mutter war auf dem Stuhl festgewachsen, und fremde Männer befanden sich im Raum. Bei ihnen war ein silbernes Sarggerät, in dem der Vater lag. Ein letztes Mal sah Christof ihn, dann wurde er weggeschafft. Christof, Lisa und die Mutter blieben zurück, und es war stiller im Haus, der Vater fort, sein weißer Bart würde künftig nicht mehr da sein, nicht mehr seine Stimme, dunkel, rau, nicht mehr seine Augen, schwarz, ermahnend. Christofs Mutter tat nun, was sie zu tun hatte, in der Situation, in der sie steckte, sie weinte, Christof selbst aber blieb trocken, mit harten Augen, nichts Nasses wollte heraus, er spürte Erleichterung statt Trauer. Da dachte er: *Jetzt, wo er tot ist*. Jetzt, wo ich allein bin. Jetzt, wo ich mein eigenes Leben leben kann. Eine empfindungslose Maschine war er, dessen Gefühle verrückt spielten, dessen Körper nicht funktionierte, ein Körper, der Tränen produzieren sollte und es nicht tat, da stand er, in völliger Fehlreaktion. Das ist nicht möglich, dachte er, nicht dem eigenen Vater gegenüber, nicht ihm, nicht ein solches Gefühl hinterherschicken, nicht einen solchen Gedanken, nicht ein *jetzt, wo er tot ist*. Da lag er im Zimmer und wollte sich zur Trauer zwingen, wollte Tränen aus den Augen quetschen, aber nichts geschah, sein gefrorener Blick ging ins Dunkle.

Am nächsten Tag kamen die Untersucher, der Bericht war eingetroffen, und sie kannten die Todesursache. Es waren anders gekleidete Beamte, und sie stellten Fragen, die Christofs Mutter nicht verstand. Man untersuchte die Küche und entdeckte Moltofill im Mehlgefäß, entdeckte den Pfannkuchen im Mülleimer, man holte Christof, zeigte ihm das Moltofill und erklärte ihm, was geschehen war. Da brach er zusammen, einfach so. Als er erwachte, lag er im Bett, und man begann ihn auszuforschen. Er gab alles genauso wieder, wie es geschehen war, doch die Männer blickten mit zweifelnden Augen auf den Jungen. Was ist das für eine Geschichte? dachten sie und rückten plötzlich auf unangenehme Weise näher, breiteten Zeichnungen vor ihm aus, die er, ohne zu verstehen, was geschah, beschreiben musste. Ihre Fragen wurden zu Fragen, die sich um die Familie drehten. Ob es oft Streit gegeben hatte, fragte man, und ob es oft laut gewesen war und wie sein Vater sich ihm, Christof, gegenüber verhalten hatte und ob er ein guter Vater gewesen war und ob er, der Vater, ihn, Christof, je berührt hatte und ob er, Christof, den Vater je hatte berühren müssen. Man fragte nach Badewanne und Nacktheit, tastete sich behutsam vor, ohne auszusprechen, was man dachte.

Nein, sagte Christof, all das hat nie stattgefunden.

Und in der Nacht lag dort ein Kind im Bett mit der Aufgabe, sich zu erholen vom Zusammenbruch, vom Schock des Erlebten. Aber da waren die Blicke der Polizeimänner, ihr Verdacht, ihre Vermutung, ihr Verhör. Ist er schuldig, der Junge? Hat er es getan? Hat er es geplant? Fragen, die wie Schlangen durchs Zimmer krochen, sich vermehrten, sich kreuzten und zu Sätzen wurden, zu Wahrheiten, zu Vorstellungen: Denn obwohl sein Vater immer peinlich genau darauf geachtet hatte, dass die Badezimmertür verschlossen war, wenn einer aus der Familie badete, obwohl Christof weder seinen Vater noch seine Mutter je unbekleidet gesehen hatte, erfand er plötzlich das Bild vom Vater, der in der Badewanne lag und Christof zu sich hereinwinkte, ein alter, ein weißhäutiger Mann. Erfand plötzlich Erinnerungen, die es gar nicht gegeben hatte, erfand Berührungen, die nie stattgefunden hatten, fühlte Haut an seiner Haut, die nie dort gewesen war. Und mehr noch, er stellte sich vor: Wie er an jenem Moltofilltag im Flur stand und zufällig seinen Vater hörte, der zur Mutter sagte, er wolle am Abend Pfannkuchen essen. Nicht nur diesen Satz stellte er sich vor, nicht nur des Vaters Stimme, nein, viel genauere Erinnerungen erfand er. Er sah die Dinge greifbar vor sich, Unauffälligkeiten, eine Fliege an der Wand des Flurs, zerquetscht und nicht richtig abgeschabt, die ausgeriffelten Ecken des Teppichs, ein kleiner Fettfleck rechts oben am Spiegel. Und er dachte sich seine Gedanken aus: Wie er sich an den Schuppen erinnerte, an das Moltofill und daran, wie ich, Paul, sein Freund, den fatalen Satz sagte: Sieht ja aus wie Mehl. Und wie er die Idee hatte, wie ihm der Geburtstag seiner Schwester einfiel, wie er alles plante. Je deutlicher er alles vor sich sah, umso fester glaubte er an seine Erfindungen, umso tiefer versackte er in einem Sumpf aus Trug. Und ging unter. Denn zu niemandem sagte er ein Wort von dem, was er sich ausdachte. Er redete überhaupt nicht mehr. Er, der Schuldige, sprach sich das Recht zu sprechen ab.

Sein Schweigen dauerte ein halbes Jahr.

Dann saß er im Auto, auf der Fahrt nach Carpentreux. Er schloss die Augen, und ihm war, als führen wir die ganze Strecke durch einen endlosen Tunnel. Er saß allein auf der Rückbank, mein Vater und ich redeten miteinander, doch Christof verstand nicht, was wir sagten, zu schnell fuhren wir, zu laut war es. Unsere Stimmen wurden leiser, ein Spalt klaffte auf, zwischen vorderem und hinterem Wagenteil, ihm war, als zöge sich der Wagen zäh auseinander.

Was soll er noch? dachte Christof. Ein Gipsvertauscher. Ein Vom-Tod-des-Vaters-Unberührter. Ein Verlorener. Konnte er nicht alles abkürzen, aus eigener Kraft? Jetzt? Hier? Im Auto? Was sollte er sich weiter quälen und sein Leben lang im Loch hocken, aus dem kein Ausweg in Sicht war? Das war ein neuer Gedanke, ein auf der Hand liegender Gedanke, eine in seiner Hand liegende Tat. Die Wucht des Gedankens riss ihm die Augen auf. Wir waren noch da, im Auto, wir fuhren noch, Christof schaute durch die Windschutzscheibe und sah eine viel befahrene Landstraße kurz hinter der französischen Grenze. Und wenn ich nun, dachte er, ins Lenkrad greife, wenn ich nun von hinten zwischen die Sitze greife, das Lenkrad fasse, es herumreiße? Wenn ich nun den Wagen auf die Gegenfahrbahn lenke, ein Lastwagen, und alles wäre zu Ende? Er dachte, es ist so einfach. Er dachte, ich kann es tun. Er dachte, es ist nur eine Sekunde.

Christof: Und dann sah ich diese Sekunde vor mir, sah mich ins Lenkrad greifen, das Lenkrad herumreißen, auf die andere Fahrbahn kreischen, den LKW auf uns zudonnern, ich hörte ein kurzes Hupen, einen Knall, ein Zerquetschtwerden von Stahl, ein Zerscheppern von Blech, ein Zerknirschen von Glas, ein Zerplatzen von Menschenhaut, ich roch Benzin, Feuer, Asche, schmeckte Blut, Scherben, abgebissenes Zungenfleisch, fühlte Stahl im Schädel, in den Eingeweiden, spürte den durchtrennten Hals, und das Ende von allem zog mich mit, riss meinen zerstückelten Körper vom Sitz, riss ihn zu sich, prügelte den Rest Leben heraus, der noch in mir steckte, doch im selben Moment hörte ich deinen Vater, Paul, und der sagte: Wir sind gleich da.

22 - COMMUNIO

Mein Vater habe nur diesen einen Satz gesagt. Nichts weiter. Nur diese Worte. Da sei er zu sich gekommen, sagt Christof. Vom Tode erschrocken. Er habe auf der Rückbank gezittert, voll Angst vor sich selbst und dem, was er gesehen hatte. Er habe sich nur langsam beruhigen können. Er habe sich gesagt: Es ist nicht geschehen, sie leben, ich lebe, es ist nicht geschehen. Da habe ihn eine neue Angst ergriffen. Er habe gedacht: Aber es hätte geschehen können. Er habe ferner gedacht: Es könnte immer noch geschehen. Die Angst davor aber sei sogleich einer wilden Entschlossenheit gewichen, sich zu wehren, einer Gewissheit, nie wieder sehen zu wollen, was er soeben gesehen hatte. Alles, habe er sich gesagt, wolle er tun, um das zu verhindern. Er habe gespürt: Das war nur möglich, wenn er sich wieder in die Welt zurückwarf. Die Welt aber sei für ihn damals die Weinmesse in Carpentreux gewesen, und die Menschen dieser Welt mein Vater und ich. Er habe uns beobachtet, sei nicht von unserer Seite gewichen, habe alles getan, was mein Vater uns gezeigt habe, habe jedes Wort meines Vaters in sich aufgesogen und endlich wieder zu leben begonnen.

Christof macht eine Pause und sieht mich an, ich bleibe sitzen, obwohl die Musik wieder verstummt ist und ich eigentlich das Fenster öffnen müsste.

Ich sage, bis zum Kuss an der Kelter?

Er sagt, bis zum Kuss an der Kelter.

Am Tag danach rief seine Mutter ihn zu sich und fragte ihn, ob es immer noch sein Wunsch sei, Priester zu werden. Als Christof, ohne nachzudenken, nickte, erzählte sie vom Nikolauskloster und den Mönchen und den Vorzügen der Schule. Christof hörte ihr zu, doch währenddessen tauchte der Kopf des Vaters vor ihm auf, wie er im silbernen Sarg lag, tauchte der Deckel vor ihm auf, den man über ihm schloss. Wenn er wolle, sagte seine Mutter, könne er schon nach den Ferien dorthin. Christof sagte ja, und seine Mutter stand auf. Sie legte ihm keine Hand auf die Schulter, sie trat nicht an seine Seite, sie nickte nur und ging zum Telefon. Obwohl Christof nicht auf die Worte hörte, die sie sagte, wusste er, dass sie die Dinge regelte, die zu regeln waren, und noch am selben Tag packte er seine Sachen, einen Koffer, in den er irgendwelche Kleider und Dinge stopfte, und er schob den Koffer unters Bett, legte sich hin und wartete darauf, dass man ihn ins Kloster bringen würde. Dorthin wollte er, dort würde es ruhig sein, dort würde nichts und niemand ihn an irgendetwas erinnern, dort würde er sich abstellen, sich ausschalten, sich flüchten in ein weißes Feld der Leere. Nichts mehr wissen von dem, was geschehen oder nicht geschehen war, alles zurücklassen, wegwischen, säubern, sich unbeschrieben machen, ausradieren, neu anfangen, nur noch das tun, was er tun *muss*, sich seinen Beruf überstreifen und so leben, wie es der Beruf nach sich zieht, und vielleicht, dachte Christof, würde die wiedergewonnene Leere, die er später Gelassenheit nennen wird, Demut, Annahme, vielleicht würde die Leere mit allem anderen auch den Satz verschlingen: *Jetzt, wo er tot ist.*

Es sind diese Worte, an die Christof nun denkt, als er sich von Kai löst, ans Fenster tritt, Kai den Rücken zukehrt und nicht sieht, dass dieser seine Jacke überzieht, sich bereit macht zu gehen. Ich gehe jetzt, sagt Kai. Christof sagt nichts. Ich ruf mir ein Taxi, sagt Kai. Nein, sagt Christof, wart noch einen Augenblick. Mehr sagt er nicht und steht da, am Fenster.

Im Auto wird Kai über Kopfschmerzen und Durst geklagt und gesagt haben, er könne nicht länger in Freiburg bleiben, nicht mit Laqueur und Magnesiageruch. Christof wird ihn nach Hause gefahren und gewusst haben, dass er ihn, Kai, nicht mehr wiedersehen, dass er, Kai, sich nicht mehr melden, sondern seine Sachen packen und die Wohnung verlassen und irgendwohin gehen und dort eine neue Bleibe suchen wird.

Christof hält vor Kais Haus und stellt den Motor nicht ab, die beiden sitzen eine Weile nebeneinander, Kais Hand zuckt kurz, als wolle er sie Christof reichen, er dreht sich nicht hin zu ihm, auch Christof blickt geradeaus durch die Scheibe, und beide sehen Ina von der Motorhaube gleiten, sehen Finger in Strickhandschuhen, die versuchen, sich ans Blech zu klammern, Kai steigt aus, geht zur Haustür, bleibt noch einen Augenblick stehen und überlegt, ob er sich umdrehen soll, tut es nicht, tritt ins Treppenhaus.

Und Vorhang.

Dann, sagt Christof, sei er im Wagen gesessen. Er sei noch nicht losgefahren. Er habe sich an die erschrockenen Fische in seiner Wohnung erinnert und an das noch leicht aufgewühlte Wasser. Er habe nicht gewusst, was tun. Er habe sich an die Leere erinnert, die noch vor Monaten in ihm geherrscht hat, und kurz habe er sich nach ihr zurückgesehnt. Aber er habe gespürt: Es ist nicht mehr möglich. Er habe sich im Wagen umgeschaut. Überall noch Spuren von der Fahrt nach Frankreich: Coladosen, Wasserflaschen, Krümel. Christof habe sich an die Stille während der Fahrt erinnert, an das gleichförmige Surren. Da habe er den Wagen angelassen, sei zur Tankstelle gefahren, habe vollgetankt, Wasser gekauft, sei auf den Parkplatz einer Pizzeria gefahren, habe an der Theke eine Pizza bestellt, die Toilette der Pizzeria aufgesucht, sich das Gesicht gewaschen, und mehr noch: Er habe sich in der Toilette der Pizzeria Hemd und Unterhemd ausgezogen, seine Brust gewaschen, Achselhöhlen, Nacken und Hals, habe sich mit dem Abziehpapier aus den Handtuchautomaten abgetrocknet, in aller Ruhe sein Hemd angezogen, sei zurück in den Gastraum getreten, habe etwas getrunken und auf die Pizza gewartet, die rasch gekommen sei, habe das Restaurant verlassen und sei wieder ins Auto gestiegen, habe die Pizza auf den Beifahrersitz gelegt und sei auf den Zubringer gefahren, habe sich auf dem Zubringer für eine Richtung entscheiden müssen, Karlsruhe oder Basel, nicht noch einmal in den Süden, habe er sich gesagt, nicht noch einmal nach Frankreich, und so sei er auf die A5 Richtung Norden abgebogen, und kaum sei er auf der Autobahn gewesen, habe sich Ruhe in ihm ausgebreitet, und er habe die bereits geschnittene Pizza Stück für Stück verspeist. Er sei nicht aus Freiburg *weg*gefahren, sagt Christof, er sei nicht geflohen, er habe den zu erwartenden Auseinandersetzungen nicht aus dem Weg gehen wollen; genauso wenig sei er irgendwo *hin*gefahren, er habe kein Ziel gehabt, nichts, wohin die Fahrt ihn hätte führen können; nein, er sei einfach gefahren um des Fahrens willen, er sei gefahren, weil er gewusst habe, wie gut es sei, zu fahren, ohne Worte, nur Christof und die Nacht, als Ersatz für die fehlende Leere.

So fährt er, bis Müdigkeit ihn mehr und mehr ummantelt, die Reise nach Frankreich steckt ihm noch in den Knochen, die Lider fallen ihm beinah zu, ein ums andere Mal schrammt er knapp am drohenden Schlaf vorbei, rollt schließlich auf einen Rasthof, an den Fahrerhäuschen der LKWs sind Vorhänge zugezogen, bedeckte Fenster, man kann nicht hineinschauen. Christof legt sich auf die Rückbank seines Wagens, die Beine angewinkelt, die Jacke als Kissen untergeschoben, es ist kalt, fast zu kalt, um zu schlafen, er schläft auch nicht richtig, es ist eine Art Dösen, in das er fällt. Mitunter hört er das Schmatzen der erwachenden LKWs, die Motoren, die angelassen werden, das Fortrollen, andere LKWs nehmen den freien Platz ein, es ist nie ganz still. Er wird wach und beschließt umzukehren, zurückzufahren, nach Freiburg, er wirft sich Wasser ins Gesicht, trinkt einige Tassen Kaffee, springt draußen ein paar Mal auf und ab, um warm zu werden, steigt ein, schaltet die Heizung an, fährt los, die nächste Ausfahrt, denkt er, da fahre ich ab und kehre um.

Es kommt aber anders. Kaum hat er die Raststätte verlassen, sieht er ein Schild, ein blaues Autobahnschild mit weißer Schrift, er sieht ganz oben den Namen Berlin und neben dem Namen die Anzahl der Kilometer, die noch zurückzulegen sind, um nach Berlin zu gelangen, und Christof sieht durch das Schild hindurch auf das Bild eines Menschen, von dem er weiß, dass er dort, in Berlin, lebt, erinnert sich an eine Berührung vor langer Zeit, die stattfand an einer historischen Kelter, und Christof fährt nicht die nächste Ausfahrt hinunter, er fährt weiter, geradeaus, Richtung Berlin, und ihm wird klar, dass er sehr wohl ein Ziel gehabt hat, die ganze Zeit über, ohne es zu wissen.

23 – ITE, MISSA EST

Die Nacht liegt hinter uns. Leere Flaschen im Wohnzimmer. Ich sage, ich mache Kaffee. Vögel girren vor dem Fenster. Christof geht in mein Zimmer. Er schläft, als ich mit dem Kaffee komme. Ich trinke seine Tasse und meine Tasse und schütte beide noch mal voll. Ein müdes Gesicht. Augenlider zucken. Er träumt schon. Ich lasse die Rollläden hinab, vorsichtig.

Ich habe eingekauft. Ich stehe im Türrahmen und schaue zu, wie er schläft. Durch den Spalt in der Tür fällt das Licht genau auf ihn, seine Nase bewegt sich. Ich hole einen Klapptisch und bringe ihn zu Christof ins Zimmer, stelle einen Stuhl vor den Tisch, lege Papier zurecht, einen Stift. Ich sitze da, das Bett vor Augen, ihn im Blick, und versuche, die Dinge in ihr Licht zu rücken, dort liegt Christof, ein Arm auf dem Laken, er atmet das Atmen eines Menschen, der schläft, die Ruhe liegt auf seiner Stirn wie ein Strich, sein Haar ist verwühlt, das Licht schwingt vom Flur durch die Tür, ich schreibe, schreibe schnell, ohne Überlegung, schreibe alles auf, was mir durch den Kopf fährt, schreibe nieder, was mir noch im Ohr klingt, schreibe, ohne zu wissen, wo das, was ich schreibe, hinführt, oft stürze ich ab und schließe die Augen und muss von vorn beginnen, bis ich sehe, dass es so nicht geht, dass ich langsam schreiben und wissen muss, wo ich hinwill, und so zersteche ich die Sätze, die mir in den Sinn kommen, trage sie in die Teilstücke meiner Route ein, Stichwort für Stichwort, bis ich sehe, wie die Strecke langsam Gestalt annimmt.

Christof öffnet die Augen und fasst sich an den Kopf. Er blinzelt, zieht das Laken zu sich, hüllt sich noch einmal hinein und presst den Kopf ins Kissen. Er gibt einen Ton von sich. Wie spät ist es, fragt er. Ich sage, halb vier. Was? fragt er und richtet sich auf, warum hast du mich nicht geweckt? Ich sage, warum hätte ich das tun sollen? Christof steht auf, nimmt seine Kleidung und geht ins Bad. Ich lege den Stift fort, gehe in die Küche und beginne zu kochen.

Später höre ich ihn im Wohnzimmer, er telefoniert, er spricht lange. Schon steht er neben mir, sein Haar ist nass. Er sagt, ich kann nicht bleiben, ich muss fahren. Er zieht sein Jackett über. Ich drehe mich vom Ofen weg. Ein Gespräch, sagt er, der Bischof, morgen früh. Ich frage, Suspendierung? Er sagt, nicht unbedingt.

Ich: Wovon hängt es ab?

Er: Von dem, was ich sage.

Ich schalte das Gas aus, nehme ein Küchentuch von der Ablage, wische mir die Hände ab, trinke einen Schluck Wasser und stelle das Glas auf den Tisch.

Und? frage ich.

Und was? fragt er.

Was wirst du sagen?

In der Pfanne knallen überheiße Fetttropfen. Christof hebt die Deckel an und schaut in die Töpfe, taucht einen Finger in die Suppe, riecht am Gemüse, schaut in die Pfanne, Fisch, gedünstet, eine Scheibe Zitrone obenauf. Wir sehen uns an. Dann geht er.

INHALTSVERZEICHNIS

1. Introitus
   Einzug 7

2. Confiteor
   Schuldbekenntnis 9

3. Kyrie
   Herr, erbarme dich 22

4. Gloria
   Lobgesang 40

5. Prima lectio
   Erste Lesung 54

6. Cantus
   Zwischengesang 70

7. Secunda lectio
   Zweite Lesung 72

8. Halleluja
   Halleluja 89

9. Evangelium
   Evangelium 102

10. Homilie
    Predigt 115

11. Credo
    Glaubensbekenntnis 127

12. Oratio fidelium
    Fürbitten 141

13. Offertorium
    Gabenbereitung 156

14. Sursum corda
    Erhebet die Herzen 160

15. Sanctus
    Heilig, heilig, heilig 164

16. Hoc est enim corpus meum
    Das ist mein Leib 168

17. Mysterium fidei
    Geheimnis des Glaubens 175

18. Per ipsum et cum ipso et in ipso
    Durch ihn und mit ihm und in ihm 184

19. Pater noster
    Vater unser 186

20. Pax Domini
    Friedensgruß 195

21. Agnus Dei
    Lamm Gottes 197

22. Communio
    Kommunion 207

23. Ite, missa est
    Entlassung 213